童年情緒教養

不崩潰、不暴走也不壓抑！
學習引導 0 到 10 歲孩子
「自我情緒調節」

Emotional Regulation in Children

倫敦大學學院兒童青少年精神分析治療專家
嚴藝家——著

目錄

第三章　父母的壞情緒裡藏著金鑰匙　77

第四章 帶著「溫和的好奇」去觀察，讀懂嬰幼兒的情緒祕密 119

第五章 用溫柔而堅定的言語，幫孩子平穩進入「小世界」 183

前言

記得某次接受一家媒體關於心理健康主題的採訪，記者問了這樣一個問題：「回想過去十幾年開展心理治療工作的過程，你最大的心願是什麼？」

我的回答是：「也許是希望有一台時光機，讓我可以穿越到不同年齡段來訪者們的童年早期，去為他們的養育者做些什麼。」

為了在現實世界裡打造出這樣一台象徵層面上的「時光機」，一年多前我選擇到英國攻讀兒童青少年心理治療臨床博士，希望自己可以在更多人的生命早期階段做些什麼，其中既包括對孩子們直接開展心理治療工作，也包括為養育者提供更多心理與科普方面的支持。

研究資料顯示，二〇二二年中國青少年憂鬱症患病率已達15～20%❶，其他心理問題檢出率也呈現逐漸上升趨勢，這意味著目前在每個中學的教室中，都可能有孩子正在經歷著心理健康問題的困擾。與此同時，越來越多與兒童青少年心理健康有關的社會事件屢見報端，有越來越多的人感到困惑：爲什麼生活變好了，但孩子們的心理功能卻似乎更脆弱了？除了培養更多能夠勝任兒童青少年心理治療工作的人才之外，有沒有一些「治未病」的途徑能增強孩子們的「心理免疫力」，使得他們在進入日益複雜的眞實世界時，不會被心理健康問題羈絆住成長的腳步？

來到心理諮商室的孩子們大都是十歲以上，對我和很多心理諮商同行來說，「冰凍三尺非一日之寒」經常可以形容我們遇見這些孩子與家庭時的感受。因爲體驗過許多心痛與唏噓，也見證過許多發展與希望，我眞誠地希望和更多十歲以下孩子的養育者們聊聊天，特別是聊聊那些讓養育者聞之色變的「壞」情緒❷，因爲那

作者注：

❶資料來源：中國《2022年國民抑鬱症藍皮書》。

❷在筆者看來，即使是「壞」情緒也有令孩子成長的正面價値與意義，並不是真的「壞」，故加引號。為使行文流暢，後文中省略引號，直接寫作「壞情緒」。

裡面恰恰隱藏著孩子構建心理免疫力的密碼。

當孩子降臨世間，大部分養育者都會眞誠希望他們可以一直幸福快樂，但一個聽起來有點反直覺的現實是：學會經歷壞情緒恰恰是一個人獲得更多幸福快樂體驗的心理基礎功能。在我的工作觀察中，那些被剝奪了壞情緒體驗的孩子，往往特別容易在青春期和成年後經歷心理崩潰。這裡的「剝奪」既有可能是養育者用打壓、否認的方式讓孩子壓抑那些壞情緒，也有可能是用過度保護的方式讓孩子回避那些壞情緒。誠實面對壞情緒不僅僅是孩子的功課，也是養育者的挑戰：當我們非常在乎一個人時，他的壞情緒會令我們難以忍受，那種焦慮感也會啓動每個人內在應對壞情緒的「步驟」，倘若大人自己未曾經歷過足夠健全的「情緒教養」，經常也會在「情緒教養」下一代的時候感覺力不從心。

除了在工作中與許多孩子及其養育者打交道之外，我自己也是兩個孩子的媽媽，許多人對於諮商心理師的職業幻想之一是：「你們一定很擅長處理自己孩子的壞情緒吧？」事實是，去眞實體驗孩子成長過程中難免會經歷的各種壞情緒，以及在這個過程中我自己（身為一個媽媽，而不是一個諮商心理師）會被喚起的壞情緒，這些過程也促成了這本書的誕生。因爲經歷過眞實的無可奈何，我堅信每個養育者在面對孩子的壞情緒時，無論做出怎樣的回應，在那一刻都已經盡力了。

二〇〇八年當我第一次開始涉足嬰幼兒心理健康題材的內容創作時，書店裡很少能找到涉及幼齡兒童情緒教養的書籍，而此刻相關內容的百花齊放是這一代孩子與家長的幸運，但也經常會帶來更多的茫然無措：那麼多的專家與建議，究竟聽什麼好？爲什麼對別人有用的方法，到了自己的孩子身上就不管用了呢？

在我看來，養育者才是瞭解自己孩子眞正的專家，因爲每個孩子都有著獨一無二的特性，自然也沒有絕對正確的標準答案。很多時候養育者需要的是一些「四兩撥千斤」的支持，比如多一些對於孩子情感及行爲發展需求的視角，能逐漸解讀出孩子壞情緒背後到底是在表達什麼，又能用怎樣的方式去涵容自己和孩子，一起面對那些壞情緒，這些都是我作爲從業者能夠提供的支持。

本書第一章講的是壞情緒對於每個孩子成長發展的重要意義，表面的洪水猛獸實質上可能是心智成長的重要發動機。第二章會談論一些通用於不同年齡階段兒童的情緒教養原理與方法，相信對閱讀本書的成年人來說，這些心智世界中的運作原理也會幫助你對自己的情緒和行為多一些認知與理解。第三章將著重探討養育者面對孩子的壞情緒時會有的各種負面體驗，以及如何從自身負面狀態中找尋到修復自己與孩子情緒的資源力量。從第四章到第七章，我將會從不同年齡段孩子常見的壞情緒狀況出發，進一步和養育者們探討在具體情境下如何應對孩子的壞情緒。

這裡想特別指出的是，即使你的孩子可能已經不再是嬰幼兒，也許你依舊可以從探討嬰幼兒壞情緒的相關章節中找到面對孩子當下壞情緒的靈感。成長並非一往直前的線性過程，在面對身心劇烈變化時，即使是十幾歲的青春期孩子也有可能會退回人生更早期的心理發展階段。就像生理免疫力有時候會透過感冒發燒的鍾煉變得更為強健一樣，心理免疫力也會在一次次健康度過壞情緒的體驗中越發茁壯。

希望本書能成為養育者們應對孩子壞情緒的好「戰友」，支持更多養育者與兒童體驗到成長與發展之「美」。

嚴藝家
倫敦大學學院（UCL）兒童青少年精神分析心理治療博士候選人
上海精神衛生中心中美嬰幼兒及青少年心理評估、診斷及干預培訓計劃首屆畢業生
從事心理諮詢工作十五年
一個不斷琢磨孩子、成人與自身「壞」情緒的人
二〇二四年一月六日於倫敦

第一章

別把壞情緒妖魔化

壞情緒不是錯，別急著用「橡皮擦」清除

身爲一名經常和兒童家庭開展工作的諮商心理師，過去十三年，我曾多次和一些新手爸媽們玩一個「遊戲」：我會播放一段嬰兒大聲哭泣的音訊，時長約一分鐘，然後請新手爸媽們猜一猜那段哭泣聲持續了多久。大部分的爸媽會猜二至三分鐘不等，甚至有媽媽會說：「猜不出來。聽到孩子哭，我就感覺腦袋一片空白。」

痛苦會扭曲我們對於時間長度的感知，當孩子經歷壞情緒時，每個不忍心看到孩子痛苦的人都會感覺「度秒如年」，恨不得立刻拿起一塊橡皮擦，把孩子的哭聲與眼淚都抹掉。每當有新生命呱呱墜地，我們最誠摯樸實的願望就是孩子可以幸福快樂地長大。但如果一個孩子的成長過程眞的只有幸福快樂，那會有怎樣的結果呢？

此刻，我的腦海中浮現出一些在小學高年級階段來到心理諮商室的「別人家的孩子」。之所以說他們是「別人家的孩子」，是因爲這些孩子有一些共同特點：從嬰兒時期就非常好帶，聰明伶俐，無論在幼稚園還是小學早期，都是人見人愛的好

孩子。然而在小學高年級或者國中時期，他們可能因爲各種原因而經歷了一些挫折：也許是學業上突然有些力不從心，也許是在學校裡經歷了人際關係上的壓力……。這些挫折也許在家長和老師看來並不是很嚴重的情況，但孩子的反應卻令人擔心：有的孩子可能會退縮回避，甚至開始害怕去上學；有的孩子和父母的關係不錯，會告訴爸媽自己「想死」；還有的孩子索性一去學校就頭痛肚子疼，去醫院檢查也找不到原因，最後來到了心理諮商室。

作爲一個媽媽，我也會幻想擁有從小到大非常好帶的孩子；但作爲一個諮商心理師，「非常好帶」恰恰是一個會讓我有點警覺的描述：如果一個孩子從小到大都那麼「好」，那麼那些壞情緒都去了哪裡呢？比如這個孩子在學步期經歷過進退兩難的糾結、甚至崩潰嗎？這個孩子在四、五歲時是如何表達自己內心那些壞壞的小心思的？❶

❶詳見第二章「瞭解孩子成長過程中的『觸發點』，做不焦慮的父母」。

有意思的是，這些孩子的父母都會異口同聲地告訴我：「沒有啊！我家孩子眞的很乖巧，雖然知道很多孩子兩、三歲時會鬧脾氣，但我們家的孩子是眞的沒怎麼哭鬧過。」再細細問下去，會發現這些孩子還有一個共同點：他們兩、三歲時的主要養育者都是祖父母，並且這些祖父母對孩子的照顧可說是關愛有加、無微不至，尤其是當孩子出現了一些壞情緒的小火苗，盡心盡職的祖父母經常會第一時間用滿足與愛意來讓孩子「熄火」。我想像了一下，自己若是被一群人照顧到有求必應的狀態，的確也沒什麼機會發脾氣了。

但在教養環境中徹底隔離壞情緒，也意味著孩子錯過了一個重要的發展期：兩、三歲是壞情緒與現實環境碰撞最激烈的時期之一，一個連話都說不清楚的孩子要開始一次次練習從各種壞情緒中平復下來，這簡直就是不可能完成的任務。雖然很難，但跌跌撞撞了一路後，最終發展出健康自我調節能力❷的孩子會更有底氣去面對人生的各種境遇。當他們進入小學高年級時，認知發展任務變得比過去更爲複雜，課業難度增加，和同儕、老師之間的關係比起在更小的年紀時也開始有了更多的張力，一個孩子必然會在一些時刻面對「想得卻不可得」的失落感。倘若在這個更爲複合的發展階段到來時，一個孩子還沒有初步建立起與壞情緒共處的能力，繼續向前發展的勢能就會停滯，發展進程甚至會後退，「別人家的孩子」變成了令父母和老師頭疼且擔心的孩子，孩子自己也會很痛苦且著急。在另一些情況下，這些問題可能會等孩子上了國、高中後才慢慢浮現出來。相較於一個小學生，中學生遭遇身心困難時的衝動性與破壞力往往更驚人，那些童年未完成的壞情緒功課，很有可能會讓一個人在這個階段付出更大的代價。

這裡想特別指出的是，隔代教養對孩子並非有害，恰恰相反，我堅信有愛的隔代教養是一個人生命早期重要的情感資源，來自祖輩的關愛與照護能讓一個人一生都時不時回想起那種溫暖的感覺。「隔代親」雖然會使祖父母輩有過度保護孩子免於經歷壞情緒的傾向，但也讓孩子內心寫下了一句有力量的預言：「我想要的東西

❷詳見第二章「自我調節功能是保持情緒健康的關鍵力」。

會有的。」在這層無意識的影響下，這些孩子在幼稚園與小學低年級階段往往表現出色，他們會堅信只要自己很想要達成某種狀態，那種狀態便有可能實現，而這種信念對人的一生會產生諸多積極的影響。

用過度保護的方式來讓孩子徹底與壞情緒絕緣，這種狀態不只存在於隔代教養的模式中。養育者❸自身的成長經歷與情緒調節能力等，決定了我們在多大程度上能夠在孩子出現壞情緒時給予恰到好處的涵容與回應。在為人父母的道路上，最有可能和孩子實現共同成長的領域，恰恰出現在那些與壞情緒有關的時刻。

可惜，孩子在成長過程中出現的這些珍貴的壞情緒也承受了各種誤解。

我們對於壞情緒的第一個誤解是，壞情緒可以說走就走。我們當然希望孩子可以高高興興地度過所有時光，但這是不切實際的。每個孩子都會經歷形形色色的壞情緒，而即便壞情緒令他們自己及周圍的人都很不舒服，我們的體內並不存在一個神奇開關，能控制壞情緒的來去。當你費盡心思想讓孩子走出壞情緒卻不奏效時，並不代表你很糟糕，也不是孩子故意要跟你作對，而是我們的大腦需要經歷許多的練習才能學會如何健康應對各種壞情緒。如果你無法讓一個幼稚園孩子一步登天解二元一次方程式，那麼也不能期待他們一夜之間就學會如何走出壞情緒。

我們對於壞情緒的第二個誤解是，壞情緒是缺點，它是非常糟糕的。但其實壞情緒經常很有用。在一部著名的好萊塢動畫電影《腦筋急轉彎》中，小主人翁大腦中的五種情緒小人都發揮著非常重要的作用。無論是害怕、悲傷還是憤怒，這些情緒對於我們日常生活的運作都具有極爲重要的意義。比如害怕讓我們免於衝動，遠離危險；悲傷讓我們反思覺察，三思而行；憤怒則讓我們表達需求，推動變化。

有時我會用「風」來形容壞情緒：風如果能量巨大而混亂，可能會摧毀很多東西；但如果方法對了，風力發電可以帶來許多能量，讓我們創造出更多美好的東西。也許讀完本書，你會發現情緒不分對錯，各種情緒都可以轉化爲成長的動力。如果能夠充分利用孩子經歷壞情緒的契機，也許能幫助他們實現某方面能力的發

❸本書中的「養育者」指給予孩子各種養育照護的重要他人，包括但不限於父母、祖父母、保母、老師。

展。當孩子出現壞情緒時，身旁的養育者所提供的支持與示範，對一個孩子來說將是非常珍貴的記憶與經驗。

我們對於壞情緒的第三個誤解是，壞情緒的解決方法是有標準答案的。但其實每種壞情緒的背後都蘊含著眼前這個孩子獨一無二的需求，這些需求往往與先天氣質、年齡階段、家庭環境、社會文化等眾多因素互相關聯影響，構成了千姿百態的「矩陣」。有一些育兒方法試圖提供一概而全的萬能公式來幫助養育者迅速消除孩子的負面情緒，或許其中一些方法的確緩解了育兒的焦慮，但在現實生活中，不少父母會發現「這個看似很對的方法對我家孩子沒用」。當孩子的壞情緒出現時，養育者能帶著溫和的好奇傾聽到壞情緒的「弦外之音」，同時真實勇敢地面對自己的需求與侷限，這也許才是讓孩子從壞情緒中實現成長的金鑰匙。

感謝你能耐心讀到這裡，我有信心在本書後面的章節中，逐步向你展現這把專屬於你家孩子壞情緒的金鑰匙要如何打造出來。此刻請記住：壞情緒不是錯，別急著用「橡皮擦」清除。

壞情緒存在的意義

當養育者對孩子的壞情緒感覺格外難以忍受時，我經常會半開玩笑地說：「恭喜你養出了一個能如此直接表達壞情緒的孩子！」誠然，壞情緒的背後往往有一些未被滿足的需求需要被自己與周圍人看見，但一個人要直接表達壞情緒也是需要心理底氣的。此刻不妨想一想，你在生活中較可能在哪些人面前流露自己的壞情緒？哪些人最有可能看到你展現壞情緒的那一面？我猜你腦海中浮現出來的大部分都是自己最爲親近與信賴的人，對孩子們來說也是如此。

在和上百個兒童家庭工作的過程中，最讓我擔心的孩子並不是那些會激烈表達壞情緒的孩子，而是那些雖然發展上出現了各式各樣的阻礙，但看起來似乎一點壞情緒也沒有，或者沒有「力氣」去表達壞情緒的孩子。在那些孩子的內心世界裡，並沒有一個安全的時間與空間能讓他們去釋放自己的壞情緒，而當不安與難受常年在小小的身體裡發酵時，一個孩子身心茁壯成長的可能性就有可能被吞噬。

更重要的是，壞情緒的存在本身對於人類發展是有意義的。

首先，如果不是因爲那些壞情緒，或許人類活不到今天。這句話聽起來有點奇怪，但請大家設想一下，憤怒也好，害怕也罷，這樣的情緒之所以產生，是因爲在遠古社會，人們爲了存活下來，就需要有這樣的情緒去遠離天敵與危險，同時和入侵者進行爭鬥。比如我們會和黑熊搶食物，我們會和鄰近的部落搶地盤。而這些爭鬥的背後都有恐懼、憤怒這兩種情緒的身影。這些情緒雖然令人不適，但它們的存在卻讓我們贏得了一場又一場戰役，從而活到了今天。這些情緒並不是我們的敵人，而是眞正讓我們「活下來」的情緒。養育者們經常對媒體報導中孩子遭遇各種侵犯的故事感到心有戚戚，試想一個孩子如果完全沒有壞情緒，完全沒有憤怒違抗的情緒，當面對危險時又該如何做出反抗？雖然壞情緒令養育者很苦惱，但壞情緒存在本身是非常有必要的。

第二，壞情緒是在表達「我是誰」。

回想起來，不少養育者第一次體驗到孩子的壞情緒，是源於孩子開始意識到「你、我、他」的時候。比如當一個嬰兒餓了而媽媽沒有及時餵奶時，孩子意識到了「我並不等於媽媽，媽媽有自己的節奏與想法」，有時就會哇哇大哭起來；一個半歲大的孩子因看到陌生人而大哭，很可能是因為意識到了「這個人和我以及我平時熟悉的那些人都不一樣」；尤其當孩子開始學爬學走路的時候，各種有原因或者沒原因的哭鬧背後，更是蘊含著堅定的自我意志。這些壞情緒可能都在指向同一個目標：我和你們是不一樣的，我就是我，我有我的想法與願望。

當看到孩子因為有了「自我」而產生的諸多壞情緒時，一方面，需要先為養育者們鼓鼓掌，這表示孩子被養育得不錯，已經能夠意識到自我的存在了。

另一方面，在這樣的階段，孩子也非常需要父母樹立起安全的界限。說「不」，就是樹立這樣一種安全界限的必要條件。當孩子出現壞情緒時，怎樣說「不」才能支持孩子的成長？相信你會在本書中找到自己的答案。

第三，當壞情緒可以被表達而不是被壓抑時，孩子的身心會更健康。

從事心理諮商工作十三年，我時不時會和一些憂鬱的來訪者工作，他們有的是成年人，有的是年紀比較小的孩子。我感覺憂鬱的人經常缺乏表達壞情緒的能力，當他們把那些憤怒、委屈、內疚的情緒留給自己時，會更容易覺得自己一無是處。從精神動力角度來說，我們把這種現象叫作「自我攻擊」——當一個人只會讓壞情緒攻擊自我而無法對外表達時，他的身心發展就有可能遇到各種阻礙。

當這些來訪者在心理諮商工作中逐步建立起表達壞情緒的能力時，他們的憂鬱症狀也會相應減輕一些。

身為諮商心理師，相較於流露出許多壞情緒的孩子，有時我反而更擔心看起來從不表達壞情緒的孩子。一個從來不表達壞情緒的孩子經常是「面目模糊」的，讓人無法清晰瞭解他的需求與底線是什麼。這樣的孩子很可能也讓許多的壞情緒朝向了自己，以致內在感覺抑鬱。能夠表達壞情緒是孩子生命力的一種展現，而幫助孩子表達壞情緒是讓他們保持身心平衡的良藥。

第四，壞情緒的背後有許多好願望。

動畫片《腦筋急轉彎》中，怒怒的配音員在接受採訪時說：「憤怒是關乎如何把一件事情做好的情緒。」當我們對現狀有所不滿的時候，憤怒和另一些壞情緒往往往可以驅使我們去做出一些努力，去改變我們並不喜歡的現狀。即使是悲傷這種看似沒有價值的壞情緒，也可以幫助我們進行更多反思與覺察，從而避免犯更多錯誤或者做出衝動的行爲。

在我們的生活中，你也許會發現，一些不畏懼表達壞情緒的成年人經常也有著非常強大的能力，去改變一些不那麼完美的現狀。幾乎所有電視電影中的英雄人物都能面對自身的壞情緒而不逃避。當一個孩子展現出壞情緒時，他似乎是在告訴周圍人：我想要改變這一切；我覺得我能改變這一切。這些心態意味著孩子認爲自己值得擁有更好的境遇，這一點往往和一個孩子相信自己是一個怎樣的人有非常大的關聯，映射出他們的自尊與自信。

第五，體驗壞情緒能豐富身爲一個人的感覺，從而激發創造力。

人類可能是生物界中能體驗到最多種類情緒的物種。即使是令我們不舒服的情緒，也往往可以激發出更多的思考，從而讓我們擁有更爲完善的大腦❹。所謂「悲

❹出自賈克．潘克賽普（Jaak Panksepp）的《心靈考古學》（*The Archaeology of Mind*）。

憤出詩人」，正是描述了壞情緒的一體兩面。

從文藝作品到科學進步，看似理性的過程背後，都有感性情緒的參與。而情緒從來不是只有令我們感到舒服的那些，恰恰是令人不舒服的情緒，促使我們去改變、去前進。教會孩子與壞情緒共處，就是給了他們一把通往人類潛能寶藏的鑰匙。

雖然此時此刻我爲壞情緒說了許多好話，但是相信對於大部分養育者來說，壞情緒依舊是令人難以忍受和頭疼的。表面上看來，溫良恭儉讓、理性平和的價值觀與壞情緒的表達是相互衝突的，這使得壞情緒更容易被妖魔化或汙名化。但隨著本書慢慢展開兒童壞情緒的圖景，也許你也會和我一樣，開始意識到壞情緒完全可以被「變廢爲寶」。

每個孩子的壞情緒都是獨一無二的，沒有萬能解藥

如果統計一下各個自媒體平台上出現頻率最高的育兒問題，多半會是：「孩子

總是大哭大鬧，我該怎麼辦？」「孩子在幼稚園打人了，我該怎麼辦？」「孩子鬧脾氣不肯吃飯，我該怎麼辦？」不少養育者對於教養專家或兒童諮商心理師抱有巨大的幻想，感覺他們就像哆啦A夢一樣有一個裝著各種錦囊妙計的口袋，只要掏出幾行字來就可以讓孩子的壞情緒立刻消失無蹤。

誠然，市面上也有不少試圖滿足養育者這些心願的理論或培訓課程，有些乍看乍聽之下還頗有道理的。但更多時候，養育者會發現那些對別人家孩子有效的方法，對自己的孩子卻不管用；或者有些方法今天有用，到了明天又不管用了；更多時候，養育者會發現自己難以執行那些看似頭頭是道的做法。在這些無解的現狀背後，很多人忽略了一個事實：壞情緒本身沒有固定模式，每個人的壞情緒背後可能都有著截然不同的緣由。

在本書的第四、五、六章會談論到不少具體的方法，關於如何幫助孩子從不同壞情緒的情境中成長。但那些方法需要養育者承認一個前提才可能發揮作用，那就是「每個孩子的壞情緒都是獨一無二的」。

即使從事兒童心理工作，身爲媽媽的我在面對自家孩子的壞情緒時，並不會覺得自己在兒童心理方面的智識能提供萬能解決方案，因爲每個孩子都是如此不同，沒有哪種理論能窮盡孩子們的多樣性。在說些什麼或做些什麼之前，我會先去「觀察」孩子們的壞情緒，包括在心理諮商室和孩子們工作時，我都會支持養育者們從以下四個面向去觀察孩子，看清孩子壞情緒的獨特屬性。

第一個面向是孩子獨一無二的「原廠設定」。

在學習兒童心理發展的過程中，我曾有機會去新生兒科觀察才剛剛出生兩天的小嬰兒。記得當時眼前一排小寶寶，即使才出生不到四十八小時，就有著非常不同的反應與表現：有的寶寶醒來後就大哭，引得護士立刻抱起來餵奶換尿布；有的寶寶醒來咂咂嘴又睡著了，等再醒來時也只是哼哼唧唧，過好久才扯開嗓子哭，讓護士發現原來這個小寶貝餓了。即使沒有後天的養育，每一個孩子出生的那一刻，他們的「原廠設定」就已經是不同的了。用術語來說，這是他們的「先天氣質」。

究竟什麼是氣質呢？這要從我們每個人每天循環的六大狀態說起。不管是小嬰兒還是成年人，生命延續期間都會在以下六種狀態之間不停循環切換：深層睡眠、淺層睡眠、安靜清醒、活躍清醒、煩躁、哭泣❺。只不過相較於小嬰兒，大部分成年人哭泣與煩躁的狀態明顯少一些。

回到前文提到才出生兩天的新生兒，有的孩子可以從深層睡眠直接來到煩躁、甚至哭泣狀態，有的孩子則可以從深層睡眠過渡到淺層睡眠再到安靜清醒，過了好久才開始煩躁、哭泣，而喝完奶或換完尿布之後，他們可能很快又會進入安靜清醒—淺層睡眠—深層睡眠的循環之中。

觀察每個孩子是如何在這六種狀態之間切換的，以及他們切換的頻率、節奏、速度，可以幫助我們去瞭解一個孩子的「原廠設定」可能是怎樣的。比如一個從小喝奶就很急的孩子，可能會經歷狂風暴雨般的壞情緒；而如果一個小嬰兒總是需要

---

❺出自 T. Berry Brazelton 的 *Touchpoints: Birth to Three*。簡體中文版《兒童敏感期全書（0～3 歲）》，嚴藝家譯（編按：尚無繁體中文版）。

花很長時間才能讓養育者意識到他的需求，那麼當這樣的孩子經歷壞情緒時，是需要養育者格外細心觀察才能幫助他表達出來的。

另外，每個孩子對周遭的敏感度也不同。比如有的孩子即使在很吵的地方也能睡得安穩，而有的孩子會因爲光線、聲音而無法繼續處於睡眠狀態中，這也是「原廠設定」的一部分。這樣的兩個孩子在經歷壞情緒時，體驗可能會是截然不同的，比如一個慢性子的養育者很可能難以理解一個天生急性子的孩子，爲何會因爲很小的事情而被壞情緒淹沒。

我們經常會有一種成見，認爲孩子的一切問題都是父母造成的。我並不完全贊同這句話，因爲在某種程度上，當一個孩子出生時，他的「原廠設定」也決定了父母需要成爲怎樣的父母。若要看清孩子壞情緒的緣由是什麼，「原廠設定」是不可忽略的要素。

第二個面向是孩子所處的年齡與發展階段。❻

同樣是打人的行爲，對於一個小嬰兒來說可能是出於好奇，可能是種試探，也可能是在表達不滿。但是對於五六歲、甚至更大的孩子來說，動不動就打人，可能預示著一些其他的可能性，比如也許他正在經歷一些未被看見的壓力、甚至創傷，也許他在表達攻擊性或者壞情緒方面的能力有所欠缺，也有可能他有一些潛在的、未被察覺的特殊需求。

再以說謊這個行爲舉例，對於三、四歲的孩子來說，說謊經常是因爲其在認知層面上分不清虛幻與現實，認爲「願望等於現實」；但是如果六、七歲的孩子持續有說謊的行爲，很可能他是在用這樣的方式去逃避一些難以消化的壞情緒，或者希望藉由這種方式來喚起更多的關注與關愛。

對待不同年齡與發展階段孩子的同一類行爲及其背後的壞情緒，養育者需要用不同的方式跟孩子進行溝通，不然很可能會事倍功半，甚至影響親子關係。

第三個面向是孩子所處的教養環境與社會文化。

---

❻詳見第二章「瞭解孩子成長過程中的『觸發點』，做不焦慮的父母」。

有些孩子出現壞情緒時，有可能是在用自己的行爲告訴養育者：我不喜歡被你們這樣對待。比如當一個媽媽給孩子斷奶後重返職場，可能會發現晚上回家後孩子特別「盧」，這是一個不會說話的孩子對媽媽提出的抗議。當一個家庭出現比較大的變化或壓力，比如父母離異、家中多了弟弟或妹妹、重要的家庭成員生病、搬家之類的事情時，孩子很有可能會出現階段性的壞情緒。家庭外部也會有各種各樣的變化，比如有的孩子去幼稚園時，不管在送的過程，還是回到家裡，都會出現比較多的壞情緒。

社會文化也是在思考孩子的壞情緒時容易被忽略的面向。舉個例子，一個在東方文化中安靜內向的孩子，在西方文化中有可能會被認爲是憂鬱、逃避的。如果不考慮社會文化因素的話，我們就有可能在理解孩子壞情緒的過程中「偏航」。看見這些部分也是在降低養育者的焦慮感：不必把孩子出現壞情緒的所有責任都攬在自己身上。

第四個面向是生理因素。

一些孩子出現壞情緒，也有可能是和生理因素有關。比如小寶寶在吃飯前的壞情緒經常和饑餓導致的低血糖反應有關，睡眠不足的疲勞也很容易導致孩子的壞情緒。

在心理諮商工作中，每當養育者反映孩子在幼稚園或學校裡經常會有壞情緒，甚至會動手打人時，我通常都會詢問孩子晚上的睡眠時間。一個缺乏睡眠的孩子，其自控力會變得非常弱，調節情緒的能力也會隨之下降。而當這些孩子經過調整後，每天晚上可以多睡一個小時，在面對壞情緒時的自我調節能力很可能會明顯進步。

而在另外一些特殊的生理階段，比如長牙期或者生病了，當這樣的階段過去之後，孩子有時也會出現短暫而頻繁的壞情緒。尤其是孩子生病之後的那種情緒波動狀態，彷彿是在回應前一陣子對身體和周遭環境失控（比如不得不打針，或者不得不做一些身體檢查）的感覺。這些滯後的壞情緒往往讓爸爸媽媽摸不著頭腦，但它們的確和孩子的生理狀況密切相關。

在另一些更極端的狀況下，孩子長期的壞情緒也可能預示著他有某些發展方面（如神經系統發展）的遲滯或特殊需求，需要兒科醫生的介入。比如一些在構音語言發展方面遭遇困難的孩子，往往會在經歷壞情緒時詞不達意、難以表達，從而導致更多衝動攻擊行爲的發生。

讀到這裡，你是否能夠明白，爲什麼世界上沒有「對症治療」孩子壞情緒的萬能解藥？每種壞情緒背後的這四個面向構成了千變萬化的可能性，而養育者能做的是帶著「溫和的好奇」去探尋壞情緒背後的訊息，結合心理及發展規律，構建出適合自己孩子獨一無二的壞情緒破解術——那把鑰匙在最瞭解孩子的養育者手裡，而不是在侃侃而談的專家手裡。

情緒小學堂

●問題1：壞情緒可以說走就走嗎？

答：我們的體內並不存在一個神奇開關，能控制壞情緒的來去。

●問題2：壞情緒是缺點嗎？

答：情緒不分對錯，各種情緒都可以轉化為成長的動力。

●問題3：壞情緒的解決方法有標準答案嗎？

答：並不存在消除壞情緒的「萬能公式」。帶著「溫和的好奇」傾聽，真實勇敢地面對自己的需求與侷限，才能打造專屬於你家孩子壞情緒的金鑰匙。

第二章

如何養出
情緒健康的小孩

自我調節功能是保持情緒健康的關鍵力

如果只能向養育者們介紹一個與兒童心理學有關的概念，我會毫不猶豫地選擇一個在育兒科普主流傳播語境中還頗冷門的概念：自我調節功能（self-regulation）❶。有時我甚至會幻想，如果天底下大部分的養育者都能明白和重視自我調節功能對孩子們的重要性，最終來到心理諮商室的大人或孩子說不定能少掉一大半。

自我調節功能是指一個人在不同狀態之間轉換的能力。無論是新生兒還是成年人，每個人每一天都是在六種狀態之間不斷轉換的，分別是：

- **深層睡眠狀態**：簡單說就是那種睡得很熟的狀態。養育者們都很愛處於深層睡眠狀態的寶寶，因爲自己終於有時間喘口氣了。
- **淺層睡眠狀態**：從科學角度來說，人在淺層睡眠階段會有快速眼動，淺層睡眠階段的體驗經常和做夢有關。如果觀察一個小嬰兒的話，那些翻身變多、似睡非睡的階段就是淺層睡眠。

- **安靜清醒狀態**：比如此刻在寫作的我是處於一個安靜而清醒的狀態，早上剛剛醒來時和養育者恬靜互動的小嬰兒也是處於安靜清醒狀態。
- **活躍清醒狀態**：當感覺興奮、肢體動作幅度變大、變得活躍時，就是活躍清醒狀態。比如當一個小嬰兒和養育者玩躲貓貓遊戲，咯咯咯大笑時，即是處於活躍清醒狀態。
- **煩躁狀態**：成年人上了一天班很累，心中有股無名火的時候，就是在體驗煩躁的狀態。而小嬰兒睡前鬧情緒，或是累了、餓了、熱了時，情緒難以被安撫的狀態，就是煩躁狀態。
- **哭泣狀態**：這可能是令養育者最難以忍受的狀態。如第一章所述，哪怕孩子只是哭了一分鐘而已，在養育者的體驗裡可能像是三五分鐘、甚至更久。

❶出自 T. Berry Brazelton 的 *Touchpoints: Birth to Three*。簡體中文版《兒童敏感期全書（0～3 歲）》，嚴藝家譯（編按：尚無繁體中文版）。

現在仔細想一想，無論是幾歲的人，是不是總在這六種狀態之間循環往復？只不過剛出生的小嬰兒在深層睡眠、淺層睡眠的時間明顯多於一個三、四十歲的人，而隨著年齡的增長，大部分人處在煩躁、哭泣狀態的時間會比一個哪怕有苦也說不出的小嬰兒要少一些。

再仔細想一想，很多孩子的壞情緒是不是經常和不同狀態之間的轉換有關？比如一個在花花綠綠的超市因爲太過興奮而崩潰大哭的孩子，是在活躍清醒與煩躁、哭泣狀態之間轉換，而養育者則希望孩子能從哭泣狀態迅速轉換到安靜清醒狀態。又比如一個玩得太累的孩子難以從活躍清醒狀態轉換到淺層睡眠狀態，經常需要經歷煩躁、哭泣的階段才能睡著。

養育兒童的重要任務就是幫助孩子發展出足夠多元而有效的自我調節功能，這並不是一項從零開始的任務：我們當中絕大多數人在出生時，就已經自帶了基礎的自我調節方式。不妨想像一下你和別人聊天時，兩個人的眼神在交談過程中是否會自然移開，又會在某些時刻交會？如果兩個人在說話時始終緊盯著對方，這是不是一種很怪異的體驗？這種把目光自然移開又轉回來的過程，就是大多數人從娘胎裡自帶的自我調節功能，彷彿是經由過濾隔離掉過多的刺激，來讓自己待在有效的互動過程中。換句話說，把目光移開的背後反而可能是想要繼續探索溝通的意願。當外界的刺激大到難以透過把目光移開來徹底阻絕時，小嬰兒就有可能會從清醒轉換到睡眠狀態，經由徹底閉上眼睛來讓自己和過多的外界刺激隔離，這就是為什麼一些小寶寶即使去人多嘈雜的地方都能睡得很香，因為深層睡眠狀態能保護他們免於承受過多的心理衝擊。

當然，如果一個人只有原廠設定的自我調節功能，那是不夠的。想像一下當一個一年級的孩子坐在教室裡感覺無聊疲倦時，如果只能用走神分心來調節自己，或者只能用睡覺去阻絕掉自己不喜歡的課程資訊，如此是不是會干擾他們的健康發展？因此，養育者的重要任務之一是支持孩子在不同發展階段發展出適合的自我調節方式。

比如養育者是否能允許一個三個月大的寶寶用吃手來調節自己的情緒？儘管我們並不希望一個三十歲的人還要吃手，但當寶寶只有三個月大時，吃手可以幫助他們在一些緊張不安的時候平靜下來，對於一個還無法用語言功能來進行自我調節的寶寶來說，這是一種健康的方式。而到了寶寶學步期時，養育者既需要在一些時刻堅定地對孩子說「不」，又需要用言語或非言語的方式去支持、幫助孩子發展出耐受沮喪與挫折的必要心理空間，這個階段的孩子在經歷壞情緒時也是在不斷練習以提高自我調節的功能水準。而當孩子具備了語言能力時，他們也就擁有了一項自我調節功能中最關鍵的能力：「言語化」的能力❷。白話來說就是「能用嘴解決的，就別用衝動的行爲來解決」。在理想狀態下，當一個孩子到了學齡期的時候，可以經由言語表達去調節大部分的壞情緒，同時也有一些個人化的自我調節方式可以幫助他們應對各種壓力（比如有的孩子喜歡在思考問題時轉筆，這種有韻律與規律性的小動作也是一種自我調節方式）。

理解「自我調節功能」這個概念，也能讓養育者更能理解孩子在出現壞情緒時的一些行爲表現。比如有的孩子在壞情緒上來時，會不願意看著養育者的眼睛說話。按照傳統的視角來看，這是孩子不尊重講話者的表現，會令大人們非常生氣。但事實上，如果我們從自我調節功能的視角去觀察孩子，孩子對大人目光的回避恰恰說明當下的場景對他來說太難以面對了，並且他還在努力透過把目光移開的方式待在這段溝通中。有些學齡期的孩子上課時會「癱」在椅子裡，老師可能認爲那是上課不認眞的表現，但其實增加身體與椅子的接觸面也是一種自我調節方式，意味著這個孩子在那一刻很累，並且還想努力經由自我調節的方式待在課堂裡。當養育者可以從這個視角去重新理解孩子的各種行爲時，經常能夠更加心平氣和地幫助孩子度過那些壓力、甚至難受的體驗。

自我調節功能一方面關乎孩子自身的發展，另一方面也關乎養育者的自我成長。

❷詳見本章「培養孩子把情感『言語化』的能力」。

在學習嬰幼兒心理治療時，我曾有幸去新生兒科觀察一整排出生才兩天的小寶寶。現在有種流行的育兒論調是「孩子的問題都是父母的問題」，但在觀察了那一排小寶寶之後，我卻一直對這句話存疑：那些孩子生來就如此不同。有的小寶寶會從睡眠狀態迅速切換到安靜清醒狀態，醒來時可以安靜地瞪著眼睛好久而不發出聲音；有的小寶寶會在淺層睡眠狀態待很久，在我以爲他要進入清醒狀態的時候，眼睛又合上了；也有的小寶寶剛從淺層睡眠狀態出來就迅速進入哭泣狀態，半個樓層都能聽到他的哭聲，而相較於其他寶寶，這些「心急」的小傢伙似乎能得到護士們最多的照護。每個寶寶似乎都有一些先天的「原廠設定」，決定著他們會以怎樣的方式活在這個世界上，有的節奏快些，有的反射弧長些，這並不是父母言傳身教或環境影響的產物。想像一下，如果一個急性子的寶寶遇上了慢性子的養育者，兩者自我調節功能風格上的差異是否會導致孩子更容易產生壞情緒，而養育者也因此感到更苦惱呢？

也許除了養育者能在某種程度上決定孩子的發展狀態之外，孩子也在一定程度上決定了養育者會成爲怎樣的人，而在這樣一個「共同調節」的過程中，很多平衡、磨合的過程會幫助孩子和養育者都發展出更完善的自我調節功能。比如有些養育者會在和孩子的相處過程中，慢慢意識到自己需要更多的私人空間去調節情緒，會學著去發展一些愛好來調節自己的心情；也有的養育者會發現，原來經由和自己信賴的人傾訴育兒壓力，能夠在很大程度上調節情緒，自己也開始更擅長透過言語而不是大發雷霆來調節育兒壓力了。我們將在第三章進一步討論這些主題。

觀察我們自己及周圍的成年人，自我調節方式幾乎無處不在，比如大家對玩手機的熱愛就是當代社會背景下人們共有的自我調節方式：當我們感覺焦躁無聊的時候，手機似乎提供給我們一塊情感緩衝墊，儘管花太多時間在上面也會帶來新的問題。但對於一個小嬰兒來說，他們在面對壞情緒時又有多少自我調節方式可以動用呢？除了把頭扭開、進入睡眠狀態或者哇哇大哭一場發洩一下，似乎沒多少選擇了。但如果養育者能夠有意識地幫助孩子發展出更多元的自我調節方式，那麼他們一定會在應對壞情緒這件事情上有越來越多法寶的。

瞭解孩子成長過程中的「觸發點」，做不焦慮的父母

動物行爲學家珍古德博士曾在非洲叢林待了二十多年，研究黑猩猩的種種行爲。在她眾多有趣的發現中，有一項是與理解人類孩童的壞情緒格外相關的：珍古德博士發現，在小黑猩猩學會一些新技能之前，總會格外「黏」媽媽，看起來像是回到了小寶寶狀態似的，總愛賴在媽媽身上不下來，或是在那段時間格外易怒，情緒不穩。這一觀察佐證了心理學界早在二十世紀五〇年代就已經提出的「退行」概念：人在面對壓力與發展時，行爲會出現一定程度的倒退，彷彿要積累足夠多的能量去應對即將發生的各種變化。

「退行」的感覺對成年人來說並不陌生，比如當我們心情不好時會想要像個小寶寶似地蜷曲起來躺一會兒，又比如許多人在重要考試前會經歷挑食、頻繁如廁、入睡困難、易怒之類的身心變化，彷彿回到了嬰童時期。

兒童心理學家布列茲頓（T. Berry Brazelton）在退行概念的基礎上，提出了「觸發點」（touchpoint）的概念，認爲嬰幼兒出現發展前的退行，對於養育者而言

往往是個「觸發許多情緒的節點」。比如一個本來已經可以睡過夜的寶寶，在學步期突然頻繁夜醒時，養育者難免會想：「是不是我做錯了什麼讓寶寶沒安全感了？白天寶寶是不是經歷了什麼驚嚇？」這些焦慮自責的念頭有時會讓養育者在面對孩子時非常緊張，也感覺更加難以面對孩子的各種壞情緒，而孩子體驗到養育者的緊張時也會更加有壓力，如此形成了惡性循環。在布列茲頓教授看來，幫助養育者提前瞭解孩子成長發展過程中可能出現的「觸發點」是非常重要的，這樣當「觸發點」出現時，養育者依舊可以用平常心去面對那些發展道路上暫時的倒退（退行行爲一般不會持續超過兩週，正常情況下會自動消失）。

孩子年紀越小，可能面臨的「觸發點」就越多，因爲他們正處在飛速發展、幾週就有大變化的階段。在經歷「觸發點」時，孩子會有各種各樣的壞情緒出現，比如：

不少養育者會發現，三至六週大的小寶寶有時候會出現「黃昏焦慮」，俗稱「百日哭」，太陽一落山就開始哭鬧，怎麼哄都止不住。很長一段時間人們認爲

「百日哭」是嬰兒腸脹氣、不舒服所導致，但有越來越多的兒童心理發展研究顯示，許多嬰兒在三至六週的時候會經歷視覺、聽覺的飛躍式發展，看得和聽得都更清楚了，這本身是令人喜悅的成長變化，但恰恰是因爲這些新變化帶來的新體驗還無法被不具備言語功能的小嬰兒徹底消化（想像一下，你每天置身於一個五光十色的世界中，無法說話，但又不得不面對各種新奇古怪的東西與聲音），他們需要每天在黑暗完全降臨時大哭一場來釋放白天的壓力（類似於壓力鍋需要開一條小縫讓蒸汽釋放出去才安全）。

有的寶寶在五六個月、甚至更早的時候會突然開始認生，本來見人就笑的孩子，現在看到陌生人就扭頭大哭。這個階段的寶寶，其大腦中的杏仁核快速發展，開始出現了「害怕」的感覺，這對於一個孩子的發展是很重要的，畢竟我們並不希望寶寶分不清家裡人和外人，看到誰都笑呵呵跟著走。但「認生」這一重要的發展里程碑可能會被認爲是寶寶嬌氣膽小，當周圍人貶低寶寶面對陌生人的壞情緒時，這對寶寶的養育者來說也會是很大的壓力，但這種認生的壞情緒是發展過程中必要的「觸發點」，養育者需要做的並不是擦除孩子面對陌生人時的害怕，而是用一些方式告訴周圍人：「我家寶寶眞聰明，已經分得清楚哪些是陌生人、哪些是熟悉的人了。」

和本節開頭提到的小黑猩猩相似的是，不少幼兒在學爬學走路的階段，也經常會有特別黏養育者或者行爲出現倒退的現象。有不少寶寶在六個月時已經可以睡過夜了，但到了能自己扶站的階段，又開始頻繁夜醒，需要哄睡抱睡。一方面因爲學步期孩子的淺層睡眠變多，會在睡夢中複習白天學走路的各種技能並回味挫敗感，另一方面也因爲孩子知道自己即將掌握能隨時離開養育者的生理功能，對此感覺矛盾，既嚮往又害怕，因此會出現情緒與行爲上的變化，這些都是與兒童發展規律有關的壞情緒。如果爸爸媽媽能將心比心陪伴孩子度過這樣一個既興奮又有壓力的時期，孩子就會從這樣的過程中獲取更多向前發展的動力，也能從父母的示範中學會如何在面對壓力時調節自己。

一些即將進入語言爆發期的孩子，會在某個階段特別喜歡用大哭大鬧來面對壓力，養育者面對這樣的情形經常會感到自責，覺得自己似乎沒做好，或者感覺自己無法安慰到孩子。但也許孩子只是需要幾天或者一、兩週的時間來重溫做一個「什麼都說不出的小嬰兒」的感覺，當他們重溫完這些感受之後，又會繼續朝前發展，用令人驚歎的方式迅速學會許多口頭語言。

到了三、五歲的時候，很多孩子會開始出現豐富的角色扮演行爲與想像能力，他們開始擁有前所未有的豐富幻想世界。當養育者爲孩子新出現的創造力歡呼時，往往也會經歷伴隨著創造力而來的全新的內在「攻擊性」：當孩子開始慢慢意識到自己心裡也會有「小惡魔」時，他們會害怕那些對他人的負面感受會像逃出籠子的猛獸一般出來傷害別人，有些孩子在這個階段會容易做噩夢，有些孩子則突然會開始害怕一些過去不會害怕的東西，比如汪汪叫的狗，那些凶巴巴的動物會讓孩子聯想到自己內在那些想要齜牙咧嘴的念頭，並且對此感到害怕。不瞭解這些年齡發展規律的養育者可能會指責孩子「膽子真小」，孩子如果認同了這些評價，可能會對自己的感覺越發糟糕，陷入惡性循環之中。相反的，如果養育者可以給這個階段的孩子提供更多的管道（比如經由聊天、玩耍、畫畫、體育活動等等）去表達與釋放攻擊性，那麼孩子就會發展出更多心理空間去涵容自己的攻擊性，並且把攻擊性轉化爲建設性的創造力。

上幼稚園、家中多了弟弟或妹妹、生病、搬遷……，這些日常的變化也都有可能觸發孩子的壞情緒❸，雖然我們需要用一些方式來支持孩子走出壞情緒，但在本質上，意識到經歷這些壞情緒對孩子而言也是一種發展需求，就能夠幫助養育者減輕焦慮，更有效地應對孩子的退行型壞情緒。

讀懂孩子情緒的弦外之音，做善於傾聽的父母

不瞭解兒童諮商心理師的人，總以爲從事這個行業的人是不是有什麼玄妙的讀心術，或者有本《葵花寶典》之類的指南，能夠解讀與搞定孩子的各種壞情緒。我

❸詳見本章「面對分離與變化帶來的壞情緒，及時『翻譯』和回應」。

的兩個孩子曾問我：「那些小小孩似乎總是很喜歡你，你是怎麼讓他們看到你就很開心的呀？上次捷運上那個小寶寶本來哭得很大聲，你好像跟他比畫了幾下他就不哭了，到底是怎麼做到的呢？」

那就藉著寫這本書的機會來揭祕一下，若要讀懂孩子壞情緒的「弦外之音」，到底有哪些技巧，我把最厲害的一個祕訣放在本節最後，堅持讀到那裡的話一定會恍然大悟！

第一個祕訣是：觀察。身爲成年人，在面對幼小孩子的壞情緒時，一定會希望有靈丹妙藥能幫他們迅速走出難受的感覺，比如轉移注意力是很多養育者在哄孩子的時候會用的招數。在工作和生活中遇到哭鬧的孩子時，如果說我有什麼做法可能會和很多人不一樣，那就是我會允許自己先用短暫的時間去觀察一下，比如一個大哭的小嬰兒會做出怎樣的肢體動作（不同的肢體動作可能預示著不同的不適，比如到底是尿布濕了還是身體有疼痛），一個鬧脾氣的孩子在執拗的同時會有哪些自我調節的行爲（比如搓衣角往往預示著孩子對於當下的情境感到非常不安，希望自己能夠平靜下來；有的孩子雖然咧嘴大哭，但其實眼睛在偷瞄身旁的養育者）。停下來觀察一會兒會讓我看到更多關於孩子當下壞情緒的訊息，同時也讓孩子有足夠的時間去盡情釋放表達一下內在的壞情緒（即使對成年人來說，能無所顧忌地大哭一場也是很奢侈的體驗呢！）。從自我調節功能的角度來說，當所有人都一擁而上想要解決孩子的壞情緒時，孩子反而會因爲人臉帶來的諸多訊息輸入而感覺「超載」，變得更加不知所措。在面對孩子的壞情緒時，適當的以退爲進，可以爲孩子創造出更多自我調節壞情緒的空間。

第二個祕訣是：鏡映與等待。我有一位兒科醫生的朋友，總是有辦法讓在看醫生時哇哇大哭的孩子迅速停下來，她的祕訣說出來你可能難以想像，那就是「跟著孩子一起哇哇大哭」。不少哇哇大哭的孩子在發現身邊的成年人正在模仿自己的樣子時，會突然停下來，困惑地看著大人，彷彿在說：「你這是在唱哪齣？」雖然聽起來有些奇怪，但其實「如鏡子一般映照」孩子的情感及行爲，這個過程本身會啓動大腦裡的鏡像神經元。顧名思義，鏡像神經元的作用就是如鏡子般折射著他人的反應。想像一下當一個愛意滿滿的養育者看著粉嘟嘟的小寶寶時，是否會因爲寶寶微笑而不由自主地洋溢起笑意？寶寶看到養育者笑嘻嘻的時候，是不是也會笑得更開心一些？這些無意識的情感交流正是仰賴於我們大腦中鏡像神經元的作用。當然，鏡像神經元也會「反射」壞情緒，比如當養育者自己很焦躁時，孩子也會容易變得焦躁不安起來。鏡像神經元的存在讓人類可以用非語言的方式去體驗他人的內在世界，同時也讓人變得不那麼孤獨——無論快樂還是悲傷，只要身邊有鏡像神經元正常運作著的人類，就有很大的可能被「看見」。我的那位兒科醫生朋友模仿孩子哭泣，雖然這似乎並不是什麼合乎邏輯的行爲，卻很巧妙地令孩子意識到「我的情緒是有人看到的」。

當我在心理諮商室裡與兒童相遇時，多數時候不會主動進入他們的世界，而是待在自己的位置上，等他們注意到我，然後小心謹慎地去和孩子們建立關係。從自我調節功能的角度而言，人臉對於年齡小的孩子是個很大的刺激源。我有時候會讓養育者們想像一下，如果遇到一個身高幾乎是自己高度一倍的陌生人，帶著誇張的神情想要擁抱你或者立刻與你熟絡起來，這種感覺是不是很怪異，甚至令人抗拒？不少孩子的壞情緒正是源於這些「還沒準備好」的時刻。當他們感受到周圍大人或養育者耐心等待的誠意時，會更有安全感來建立起全新的關係，或者在經歷壞情緒時，知道自己不會因爲壞情緒本身而被過多的「侵入」。

第三個祕訣是：自我覺察。因爲鏡像神經元的存在，在關係親近的兩個人之間，「我能感覺到你的感覺」並不是個神話。各位養育者不妨想想自己談戀愛的時候，是不是很容易與另一半有心有靈犀的感覺？心理學上把這種體驗叫作「投射」。在投射的基礎上，當你口渴時，戀人正好遞來一杯水，這種美妙的感覺則叫作「投射性認同」，也就是說，「我能感覺到你的感覺，並且根據這個感覺去做出反應。」如果你感覺上述的科普有點看不懂也沒關係，因爲我們的俗語早就描述了這個奇妙的情感互動過程，「母女/母子連心」之類的表述，正是在告訴養育者們：孩子的情緒體驗與我們的情緒感知是一直在交流的。

當孩子經歷強烈的壞情緒而養育者不知所措時，我經常會讓大人試著覺察一下此刻的感受。有的養育者感覺在面對孩子的哭鬧時，自己也很內疚，會想是不是因爲陪伴孩子的時間太少了，才導致孩子有了壞情緒。一方面養育者能誠實面對自己的壞情緒實屬不易，另一方面這份內疚或許也是孩子當下共同體驗著的感覺，比如不少孩子會內疚於自己無法好好調節情緒，總是不知道要拿壞情緒怎麼辦。如果養育者問孩子：「其實你也不想這樣的，是嗎？」孩子經常會委屈地放聲大哭起來，這也意味著他們很難靠自己表現出來的情緒，此刻被養育者「翻譯」出來了。又比如有些養育者會在孩子出現壞情緒的當下感覺很憤怒，憤怒於孩子不聽話或自己的無能。我很難想像世上會有養育者從未在養育孩子的過程中體驗過憤怒的感覺，憤怒本身是自然的，但與此同時，這可能也意味著孩子在體驗憤怒。有時候詢問一個執拗到令父母抓狂的孩子「你是不是對我們很生氣」時，孩子經常會放鬆一些，可能會嘟著小嘴點點頭。在出現壞情緒的當下，這樣的情感確認過程至少把溝通的橋梁搭起來了。

第四個祕訣是：時光穿越機。這是個有點故弄玄虛的表達，其實就是在覺察到孩子的壞情緒時，試著回到自己的小時候，想想自己在孩子這個年紀經歷類似的壞情緒時，周圍人做些或說些什麼會令自己感覺好一些，有哪些行爲與表達可能是火上澆油，是需要盡量避免的，記憶中有沒有大人的某些表達對平復你自己的壞情緒特別管用。曾有一位媽媽著急地詢問：「孩子最近一直生病，一生病就愛哭鬧，除了看電視和看手機之外，沒什麼其他方式可以安慰孩子，但擔心時間久了，孩子養成愛看螢幕的壞習慣。有沒有什麼好辦法可以應對和孩子生病有關的壞情緒呢？」

我試著讓這位媽媽回憶一下自己小時候生病的情形，當時發生了什麼，她得到了哪些照顧。媽媽回憶說，自己小時候生病不用上學時，其實也就是在家裡整天追電視連續劇《西遊記》看，當時自己的爸媽對此並不太在意，每天都會給她煮好吃的番茄雞蛋麵，現在回想起來都覺得很美味。她回憶到這裡時恍然大悟說：「原來這樣就可以了，孩子都生病了，好好對他就是了，生病了還要有規矩，我眞是要求太高了。」

每個養育者都會帶著最好的願望希望支持孩子成長，但當頭腦裡有太多「應該」的時候，反而壓制住了最原始自然的感受。坐著「時光穿越機」回到自己的幼年時期，設身處地想一想孩子的壞情緒，也許就會柳暗花明。

我想用**第五條祕訣**來結束這一節的內容：在和自己的孩子解釋爲什麼我看起來像是有魔力、能安撫別的孩子時，我也坦誠地告訴他們：「因爲那不是我的孩子呀！」這句話的意思是，在面對自己的孩子時，我們一定會在養育過程中投注最強烈的情感與希望，而這勢必會讓我們在理解自己孩子的各種壞情緒時有更高的焦慮感，很難全然做個四平八穩的觀察者或給予永遠平穩的回應。

我曾遇到過一位睿智的德國心理治療師，她說自己有個絕活，就是特別擅長哄別人家的小寶寶睡著。我至今仍記得她狡黠地說：「能哄睡這些小寶寶的原因是，他們不是我的孩子，我壓根不在乎他們是不是會馬上睡著！」也許能理解這一點的養育者更有可能會寬容地對待自己，即使是懂很多兒童心理知識的專家，在面對自己孩子的壞情緒時也會有六神無主、亂出昏招的時候。**與努力保持「正確」相比，做個「眞實」的養育者，對孩子的健康成長具有更多積極意義。**

面對分離與變化帶來的壞情緒，及時「翻譯」和回應

不管面對幾歲的孩子，當形形色色的壞情緒出現時，作爲諮商心理師，我一定會從三個不同角度去思考，到底是什麼觸發了孩子的壞情緒。

第一個角度與身心發展有關：孩子在生理層面有沒有潛在的不適？孩子是不是到了一些重要的心理發展階段，以至於出現了情感與行爲上的退行❹？

第二個角度與養育者的關係有關：比如孩子的養育者有沒有一些表達或溝通上的侷限，導致孩子長期無法以合適的方式得到回應？孩子在經歷壞情緒時，養育者自身的成長經驗是否阻礙了他們給予孩子合適的支持與安撫❺？

第三個角度則是與各種分離和變化有關：比如寶寶最近是否剛從月子中心回家？家中有沒有重要成員更動，比如保母？媽媽是不是又懷孕了？孩子最近是不是

---

❹參見本章「瞭解孩子成長過程中的『觸發點』，做不焦慮的父母」。
❺詳見本書第三章。

剛上幼稚園？爸爸媽媽最近是不是關係緊張？這個家庭最近會搬家嗎？家中經濟有發生重大變化嗎？

稍稍懂一點兒童心理學知識的養育者都不會對「安全感」「分離焦慮」之類的字眼感到陌生，即使並不瞭解這些概念，大多數養育者也會觀察到小寶寶在面對環境變化時經常會經歷各種壞情緒。身爲成年人，養育者可能已經忘記了嬰兒在夜晚入睡前會對黑暗與未知感到焦慮，睡眠本身意味著一個孩子要「離開」養育者，進入到一個未知的世界中。不少與嬰幼兒心理治療有關的書籍，都會從「分離焦慮」的角度去思考小嬰兒的入睡困難。

而在學步期孩子群體中，不少養育者對於「孩子無法停止手頭的遊戲去洗澡」這樣的場景並不陌生。當一些孩子樂此不疲地玩耍時，知會他們「要去洗澡了」可能會引發極大的壞情緒，讓大人們摸不著頭腦。有時我會請養育者想像一下：「你在上班時極其忙碌專注地做一些事情，這時有人突然過來打斷你，強烈要求你去完成一件在你看來無關緊要的事情，你會有怎樣的感受呢？」這就是很多兩、三歲的孩子面對玩耍被打斷時的心情。

從嬰孩到成年人，自我調節功能❻的發展會使一個人能更加自如地在不同場景中「轉換」。如果有機會去觀察小學生課堂的話，你會發現孩子們在「轉換」方面的能力，幾乎決定了他們在多大程度上能適應學校的規則：如果一個孩子無法在經歷劇烈運動（活躍清醒狀態）後迅速轉換到上課模式（安靜清醒狀態），那麼就有可能干擾上課秩序，無法集中精力聽老師講課。而在一些孩子處於「怎麼做也做不好」的煩躁狀態時，他們是否能透過自我調節功能轉換至安靜清醒的持續嘗試狀態，則預示著孩子能夠在課業上取得多大的進步。

不少養育者都聽說過「三年級現象」，指小學一、二年級各方面表現很好的孩子，到了三年級開始就全方位表現下滑，出現課業無法跟上、自信心低落、甚至厭學的現象。從教育專家的角度看，這種現象可能與三年級的知識結構複雜性變高有

❻參見本章「自我調節功能是保持情緒健康的關鍵力」。

關；而從兒童心理發展的角度來看，這也有可能是自我調節功能發展不適配導致的結果——一個孩子是可以靠自己的聰明伶俐去應對幼稚園與小學低年級的課業及人際交往需求的，但當課業挑戰變大外加同伴關係越發複雜時，一個還沒有機會發展出足夠多元的自我調節方式的孩子，可能就會感到無所適從，會在面對挫敗感時不知何去何從，進而出現各種與焦慮有關的狀態，以及退縮與回避。每次有機會和厭學、拒學的孩子聊一聊時，他們幾乎都會談到面對受挫感時的無能爲力，這種受挫感可能來自課業，也可能來自家庭或學校的人際關係，他們並不知道當周圍的一些事情不如自己所願或發生變化時，究竟可以用怎樣的姿態去應對。

有不少養育者會想要瞭解，如何可以消除孩子的分離焦慮。比如一個剛上幼稚園、每天都要抱著媽媽大哭一場才能進園的孩子，究竟要如何使他免於經歷那些壞情緒呢？

在我看來，「徹底消除分離焦慮」既不實際，也沒必要。「不實際」是因爲分離焦慮是根植於人類本性中的存在，人類作爲群居動物，對於離開重要他人產生焦慮的感覺是再自然不過的事情，這增加了人類的生存機率。「沒必要」則是指能自如地表達分離焦慮，比如去幼稚園前抱著媽媽大哭一場，這本身經常是一個人「安全有底氣」的表現。研究兒童依戀的心理學家們發現，安全感最強的孩子往往會在和重要他人分開時表現出焦慮不安，但會在重要他人離開後不久繼續透過玩耍等形式發展自己各方面的能力，而等重要他人再回來時，孩子往往會再次流露出不安與焦慮，彷彿把那些壞情緒都留給了最信任的人似的。即使身為成年人，如果能有讓我們自在流露壞情緒的人，是不是也會在面對各種挑戰時，覺得心裡更有底氣一些？

面對分離焦慮或無常變化帶來的各種壞情緒，關鍵點在於養育者能夠在當下及時「翻譯」❼與回應孩子的糟糕感受，陪著孩子一起難過一會兒，並且在孩子準備好的時候提供或者合作得出當下衝突的解決方案。在很多情況下，養育者會因為各

❼詳見本章「讀懂孩子情緒的弦外之音，做善於傾聽的父母」。

種各樣的狀況而無法做到上面提到的每一點，但就算只能做一點點，對於孩子的成長都具有意義。當養育者細水長流與循序漸進地幫助孩子發展出足夠健康的自我調節功能時，其實也是在讓自己有機會重新去發展一些新的情緒調節功能，畢竟面對分離與變化並不僅僅是孩子們的事情，也是大人們一生都會面對的課題。

培養孩子把情感「言語化」的能力

「說話」對一個人的意義，遠不只是「把事情說清楚」這麼簡單。就如本章「自我調節功能是保持情緒健康的關鍵力」一節討論自我調節功能時所談到的，能說話意味著一個人就此有了一條全新的路徑去調節自己的心理狀態，可以在應對外界壓力時多一層「緩衝墊」：當我們感覺生氣時，可以用多種形式的語言去表達內心的憤怒，而不是用拳頭來說話，這就是「言語化」的力量。

幾乎所有來到心理諮商室的孩子，在某種程度上是「不會說話」的。這裡的「說話」並非指知道怎麼把詞彙排列組合成句子。一個看起來滔滔不絕、口若懸河的人，很有可能在心理發展的意義上還有「不會說話」的地方，比如當他們面對內在難以消化的感覺時，或者用各種方式回避未被處理的心理創傷時，可能會用各種方式去回避談論這些議題，而這些「無法言說」的結果經常是以犧牲一個人的成長發展爲代價的。比如一個擔心父母離婚的孩子因爲無法言說這份恐懼，而不得不透過不去幼稚園、不斷生病之類的方式來面對；一個對自己感覺糟糕透頂的孩子因爲無法言說那些匱乏感，可能會轉而去霸凌其他的孩子，經由讓別人體驗自己內心世界的弱小來讓自己感覺不那麼孤單。許多令人費解與頭疼的壞情緒背後，經常累積了不少難以言說的體驗。

我經常會讓來到心理諮商室的養育者們思考一下：孩子在平時的語言表達中，涉及情感的詞彙豐富嗎？在理想狀態下，一個六至八歲的孩子可以用相當數量的詞彙去形容與區分不同的情感，比如傷心、生氣、委屈、害怕、迷惑、尷尬等等。一個孩子越是有能力用精細的語言去表達那些強烈的體驗，就越能夠獲得周圍人的關照，也越能夠幫助他去弄清楚自己到底怎麼了。不少養育者在想了一下之後會告訴我：「這麼說來，雖然孩子平時話不少，但的確不怎麼用與情感表達有關的詞彙。」

有趣的是，當遇到這樣的情況時，我經常發現養育者本身可能就不習慣說許多與情感有關的詞彙。比如下面這段對話：

我詢問一位苦惱的爸爸：「當孩子大哭大鬧時，你有什麼感受嗎？」

這位爸爸下意識地告訴我說：「我覺得他這樣是不對的，因為……」

我回應爸爸說：「你對孩子的觀察與判斷有一定的道理，不過那是一個判斷，我在想，作為一個爸爸，你面對這些情形時的感受是怎樣的呢？」

爸爸看起來有些困惑，問：「感受？哦，感受……感受要怎麼說呢？」

我：「嗯，不同父母看著孩子哭鬧時都會有不同的感受，有的會很擔心，有的會很生氣，有的會很內疚。不知道你的感受是怎樣的呢？」

爸爸沉思了一會兒說：「我會很擔心他長大以後沒辦法控制自己的情緒，畢竟明年就要上小學了，如果遇到一點挫折失敗就大哭大鬧的話，老師可能會覺得他不守規矩。」

在接下來的工作中，我和這位爸爸討論了一些他小時候對於學校與老師的感受，發現其實這位爸爸小時候曾經歷過和孩子非常相似的心路歷程，而那些情緒衝動的表達讓他在校園生活中經歷了更多的孤立、甚至羞辱。在看到這些之後，我向這位爸爸提出也許在「擔心」之外，他也有許多「害怕」的感覺，害怕孩子經歷自己當年的那些困難與痛苦，因此會非常想要透過速效而強力的方式讓孩子迅速安靜下來。爸爸嘆了口氣說的確如此，但他也意識到那麼做的效果適得其反。這些來自養育者眞誠而自發的反思，爲我們進一步思考可以如何支持孩子發展出健康的自我調節功能創造出新的空間。

類似上述這段對話的內容經常出現在我和不同文化背景養育者的溝通中，尤其在東方文化裡，「內斂」是被高度推崇的美德，直接表達自己內心的情感則經常會和「不夠穩重」連結在一起，也經常會喚起匱乏感（「即使我說了自己不高興，也沒人會在乎」），甚至羞恥感（「這麼大的人還哭，丟不丟臉」）。但清晰表達與言語化感受，在兒童心智發展的道路上是一項重要的功課。如果一個孩子無法透過表達情感來釐清自己的內心世界，那麼等到了上小學、中學的時候，在面對越發複雜多元的世界與對自身發展的要求時，就會發現自己過去的智力與自我調節方式是不夠用的。不少到了中學階段出現嚴重憂鬱、焦慮症狀的孩子，經常會被養育者描述爲「過去一直都好好的，不用我們怎麼操心，但不知道爲什麼這幾個月像變了個人似的」。在這樣的描述背後，經常是一個孩子成長過程中言語化情感的能力被忽略了。

養育者們讀到這裡可能會想：從孩子呱呱墜地開始，到底要如何去培養他們言語化自身情感的能力呢？我列舉了以下幾種方法，相信大部分養育者都能試試：

1. **有意識地在和孩子的互動中增加帶有情感含義的詞彙**。無論是面對多小的孩子，即使是嬰兒也在不斷吸收內化周圍環境的語言輸入。比如看到寶寶早上醒來時不僅可以高興地打招呼，更可以說：「看到寶貝笑嘻嘻的，我也好高興呀！」或者當寶寶哭的時候說：「來來來，我們來抱抱，寶貝心裡一定很生氣，還感到很委屈。」養育者也可以適當多使用形容自己情感的詞彙，比如：「我要阻止你那麼做，因爲你做那件事情的時候會讓我感到很擔心。」當孩子生活在一個情感詞彙豐富的養育環境時，會自然習得把情感言語化的能力。

2. 和孩子一起閱讀繪本或看動畫片時，有意識地選擇一些與情感有關的內容，而不只是侷限在增加知識的層面上。對待三、四歲剛剛會說比較多話的孩子，可以鼓勵他們多多思考與描述書本或動畫片人物可能有的內心感受，比如：「小鴨子找不到媽媽了，你覺得牠會有什麼感覺呀？」或者：「有沒有一些時候你和小狗一樣，會很著急等家人回來，能和我說說那是種怎樣的感覺嗎？」如果養育者每天有意識地和孩子討論一、兩個這樣的問題，對於提升孩子的情感言語化能力會大有幫助。

3. 在孩子出現壞情緒的當下，試著去「翻譯」孩子的情感❽。有時候養育者對孩子情感的猜測未必是準確的，但溝通與澄清的過程會創造出一些空間，讓孩子也有機會去思考自己的情感體驗究竟是什麼。久而久之，他們將能夠在一次次的操練中，習得在壞情緒出現的當下覺察自身感受的能力。

4. **多和孩子一起玩耍、遊戲**。因爲在玩耍與遊戲的過程中，孩子們有機會去演練各種各樣的情感，有機會用象徵化的方式去表達自己的日常情感。比如一個剛上幼稚園的孩子可能會透過扮家家酒的遊戲來表述自己在幼稚園裡的生活。對孩子而言，能和大人們在玩耍中互動，就像是有了一塊安全而自由的土壤去探索他人的內心世界。需要指出的是，此處並不包括涉及3C電子產品（手機、電腦或平板）的玩耍與遊戲。與現實相連的感覺才能讓孩子們的情感體驗眞正「落地」。

5. **養育者可以試著豐富自己的工作、生活與社交人際關係，在眞實的人生中去完善自己的各項情感體驗**。哪怕只是抽空讀讀小說、看看電影、去大自然裡走一走都好，發展一些與孩子無關的興趣愛好。很難想像一個如機器人般機械的養育者能給予孩子有活力的情感體驗。如果一個養育者自身情感充沛，面對各種各樣的感受可以「隨心所欲而不逾矩」，那麼這種狀態本身對於孩子而言就是很有力量的示範。

如果說兒童諮商心理師眞的有什麼「魔法」的話，無非就是經過訓練之後，更知道在怎樣的時機以怎樣的方式去幫助孩子言說那些本來無法言說的東西。對孩子而言，言語化本身能幫助他們勾勒出內心的不安與恐懼，那些壞情緒大怪獸在言語的作用下有了更清晰的形象，而這份「面對」本身就意味著力量。願更多養育者能把這份力量傳遞給孩子們。

---

❽詳見本章「讀懂孩子情緒的弦外之音，做善於傾聽的父母」。

情緒小學堂

●問題1：孩子的問題都是父母的問題嗎？

答：每個寶寶似乎都有一些先天的「原廠設定」，決定著他們會以怎樣的方式生活在這個世界上，有的節奏快些，有的反射弧長些，這些部分並不是父母言傳身教或環境影響的產物，它們甚至在某種程度上決定著父母要成為什麼樣子。

●問題2：本來見人就笑的孩子，現在看到陌生人就扭頭大哭，是孩子嬌氣膽小嗎？

答：這種認生的壞情緒更多是發展過程中必要的「觸發點」，養育者需要做的並不是去擦除孩子面對陌生人時的害怕，而是用一些方式去告訴周圍人「我家寶寶很聰明，他已經分得清楚哪些是陌生人，哪些是熟悉的人了」，並且支持孩子在安全的氛圍中去與陌生人建立可耐受的連結。

●問題3：孩子一生病就愛哭鬧，除了給他看電視、看手機之外，也沒有其他可以安慰他的方法。究竟應不應該讓他看呢？

答：每個養育者都會帶著最好的願望希望支持孩子成長，但當頭腦裡有太多「應該」的時候，反而壓制住了最原始自然的感受。不妨坐著「時光穿越機」回到自己的幼年時期，設身處地想一想孩子的壞情緒，也許就會柳暗花明。

●問題4：「分離焦慮」可以被徹底消除嗎？

答：「徹底消除分離焦慮」既不實際，也沒必要。「不實際」是因為分離焦慮是根植於人類本性中的存在。「沒必要」則是指能自如地表達分離焦慮，比如去幼稚園前抱著媽媽大哭一場，這本身經常是一個人「安全有底氣」的表現。

第三章

父母的壞情緒裡藏著金鑰匙

親子關係中有愛有恨，才是更為真實的親密

有不少養育者在開始重視及面對孩子壞情緒的同時，各種懊悔之情也油然而生：過去當我沒有用合適的方式處理孩子的壞情緒時，是不是因此造成孩子巨大的、難以磨滅的心理陰影了？如果未來時不時用「不正確」的方式處理孩子的壞情緒，孩子是不是會被我養壞？

身爲兒童諮商心理師，我當然喜聞並樂見養育者每時每刻都能善待孩子，但生活很多時候並不完美，成年人也都有自己的侷限性。好消息是，當養育者偶爾用並不那麼合適的方式對待孩子時，也有可能會帶給孩子一些與成長有關的體驗。

養育者表現出一些壞情緒並不是世界末日。當孩子在那裡哭鬧，有各種各樣的情緒襲來時，幾乎沒有人能做到百分之百的淡定。我甚至會說，如果一個養育者對於孩子的壞情緒表現得過度平靜的話，對孩子而言是一種非常不眞實、甚至有點挫敗的體驗。孩子可能會覺得：你到底有沒有在乎我的感受？爲什麼你可以對我的情感無動於衷呢？

當養育者偶爾表現出壞脾氣時，這個壞脾氣本身並不會「殺死」孩子。孩子也需要透過和成年人非常眞實的互動，去瞭解世界上每個人都會有自己的情緒。即使不在家庭中見證成年人的壞情緒，孩子到了社會上，總會有各種機會讓他體驗到人類這部分非常自然的表達。與其在一個極不安全或者完全不被保護的環境下去見證成年人的壞情緒，對親子關係還不錯的家庭來說，孩子偶爾見證養育者的壞情緒反而是相對安全的。

對孩子而言，眞實是構建親密關係的基礎。養育者也許會幻想自己再也不發脾氣了。可是一個從來沒有發過脾氣的養育者，對孩子而言也有可能是非常不眞實的——親子關係中有愛有恨，才是更爲眞實的親密。

養育者需要避免的是用自己的壞脾氣去對孩子「施虐」，比如沒有節制地發洩自己的壞脾氣，或者因爲自己無法招架孩子的壞脾氣而在身心層面懲罰他們。舉例來說，養育者可以告訴孩子「我此刻很生氣，所以沒有辦法和你好好說話」，但要避免對孩子說「一點點事就發那麼大的脾氣，以後你一定沒有出息」之類貶低羞辱的語言。

其實當孩子發脾氣時，養育者眞實面對自己當下的情感體驗是非常重要的。從精神分析理論的角度來看，養育者在孩子出現壞情緒時當下體驗到的感受，經常和孩子在那一刻體驗到的感受是一樣的，這有點像俗話說的「母女/母子連心」。我想分享一個身邊人的小故事，幫助大家理解這個重要的資訊。

我有一個朋友曾經在孩子十個月大的時候去出差，因爲孩子還沒有斷奶，所以當她回來的時候，孩子似乎表現出了非常不高興的情緒，即使在晚上喝完奶之後仍不願意入睡，哭鬧不止，就這樣好幾天都要一直吵到半夜。

朋友感到非常無奈，於是問我：「我現在到底該怎麼辦呢？」我當時問她：「孩子在你面前哭鬧的時候，你心裡有什麼感覺？」她想了想說：「我覺得他可能想著我怎麼前兩天都沒有陪他。」我說：「這不是感覺，這是你的判斷。感覺，是指你可能會覺得很悲傷，你可能會覺得很無助，你可能會覺得很害怕，你可能會覺得很憤怒。對你而言，那一刻你體驗到的是怎樣一種情感呢？」

好友想了想，她說：「我覺得那一刻其實非常失落，會感覺我不過是出差幾天，回來之後，寶寶好像就不認我、不喜歡我了。」我說：「這種感覺此時此刻對你非常重要，因爲很可能這是一個不會說話的孩子，希望你能理解他的內心世界的感覺。也許他體驗到的是那種失落與委屈的感覺，而當你把這樣的感覺回饋給孩子時，再去看看會發生什麼。」

朋友當時有點半信半疑，因爲她很難想像這麼小的孩子能聽懂大人講的話，但她還是抱起孩子，然後對孩子說：「媽媽感覺到有一點失落。是不是因爲前幾天媽媽不在家，你覺得非常難過。當媽媽回來的時候，你可能很擔心媽媽又要再次離開。其實媽媽自己也很捨不得你，也想多陪陪你，媽媽向你保證，下次要出差時，一定會告訴你，並且按時回來，好嗎？」

朋友後來告訴我，當她說完這番話的時候，孩子突然舉起了一個小拳頭，朝她的胸口重重打了三下，然後就沉沉地睡去了。朋友在那一刻深受觸動，因爲她發現一個還不會說話的孩子，當他的情緒能夠被爸爸媽媽看到的時候，竟會有如此清晰的、直接的表達。而在這樣的表達過後，孩子馬上進入了一種相對平靜的狀態。真正幫朋友去面對孩子壞情緒的，恰恰是她面對自己內心壞情緒的勇氣，那些失落感是走進孩子心裡的鑰匙。

類似的故事還有很多，重要的是希望養育者們明白：千萬不要把壞情緒當作敵人。很多時候，壞情緒是來幫助我們更加理解孩子的。當這些壞情緒出現的時候，我們可以回到自己的童年去思考一個問題：當我小時候經歷這樣的壞情緒時，會希望身邊的大人怎麼對待我。

在爲養育者的壞情緒正名時，也需要談談當養育者實在不小心發作了一番之後要如何善後。我會建議養育者在情緒平靜下來時，找個適當的時機鄭重跟孩子道歉，或者告訴孩子，自己其實很後悔沒能控制住脾氣。道歉和討論的過程，是在向孩子示範，爸爸媽媽自己是如何進行反思和覺察的。

比如可以告訴孩子：「爸爸那一刻非常的疲倦，所以沒有控制好自己的情緒，對你發了那麼大的脾氣，我覺得非常抱歉。我們可以來討論一下，將來如果出現這樣的情形，我可以怎樣眞正幫到你。你希望大人們在那一刻對你說些什麼、做些什麼呢？」

很重要的是，我們要告訴孩子，大人的壞脾氣並不「都是你的錯」。關於如何更好地處理情緒，大人們也有許多需要學習的功課，這是一個共同成長的過程。當養育者可以坦然面對自己的侷限並願意爲之付出覺察與努力時，孩子也會從中學到很重要的一堂情緒課：即使個體或關係不完美，愛與關懷依舊有存在的空間。

尋回我們原本的力量，陪伴孩子度過壞情緒

我們都曾是一個有過壞脾氣的孩子。

在大多數「現役」養育者成長的過程中，兒童心理健康這件事並不怎麼被重視，因此我們糊里糊塗地就被養大了。當身爲孩子的我們經歷壞情緒時，經常無法得到合適的支持，很多養育者可能要等進入了社會或婚姻、家庭之後，才慢慢學習如何用更成熟的方式處理自己的壞情緒。

而此刻，身爲養育者要試著給予孩子一些自己從未體驗過的東西：在壞情緒滿溢而出時，孩子需要從養育者身上既體驗到理解，也體驗到規則，而提供這些從來都不是一件容易的事情。有的養育者自己小時候壞脾氣爆發時，可能會被父母粗暴對待或者經歷過校園霸凌。當自己的孩子情緒失控表現出非常憤怒的狀態時，可能會啓動養育者對自身童年某個情境的無意識回憶，誤把孩子的反應體驗成一種威脅，被那些無助而恐懼的感覺吞沒。在這種情況下，養育者可能會不知不覺做出一些不那麼明智的反應。

比較常見的一種對待孩子壞情緒的方式是「壓制」。養育者會用自己的父母權威告訴孩子，你不許再哭了，你不可以再吼叫了。有些時候孩子迫於父母的權威可能會服從指令，但是這並沒有幫助他們去形成更加成熟的情緒管理機制，他只是學會了在那一刻迫於各種壓力而被動服從，並沒有學會如何去命名情緒，理解、表達自己的情緒從何而來，又要去向哪裡。長期被壓制壞情緒的孩子經常會在青春期出現情緒憂鬱或自殘的情形，彷彿那些硬生生被壓下去的壞情緒以另一種方式完成了身心的表達。

另一種常見對待孩子壞情緒的方式是「忽略」。一些父母會非常逃避孩子激烈的情感，比如當孩子表現出很委屈、非常恐懼或極度憤怒的時候，父母反而想要遠遠地逃開，或者有意無意地視而不見，期待孩子可以自動讓壞情緒消失——壞情緒的確有可能會在一段時間後自然消解，但孩子從這樣的經歷中習得的體驗是「發脾氣的我是不值得被關懷的」「大人們只喜歡很乖巧、很聽話的我」。這樣的心態容易讓孩子無意識中形成討好型人格，無法在照顧自己的眞實情緒與平衡外界需求之間找到中間地帶。

陪伴孩子健康應對壞情緒的終極目標是幫助孩子在壞情緒發生的當下，既可以有心理空間理解自己到底爲什麼不開心，能向周圍人有效表達自己的情感，又能夠富有建設性地去達成一些符合共同利益的目的或讓需求得到滿足，這也許就是俗話說的「高情商」。

不少養育者在處理孩子的壞情緒時，經常會有的另一個盲點在於總是會試著給很多的解決方案，而忽略了孩子的情感。

很多養育者在自己還是個孩子的時候，周圍人會習慣性地透過「講道理」的方式來抒解他的壞情緒。但「講道理」眞的有用嗎？

一些媽媽可能對這個問題有很切身的體會。在生完孩子之後，媽媽們或多或少會經歷情緒比較低落的狀態。那個時候當身邊的人用大道理來和你說，比如「當媽媽就是偉大的」「你看小寶貝長得多漂亮」「你應該高興」等等，這是沒有用的。

要是有人過來和你說：「你眞的很不容易，我知道最近你付出了很多，可能很多時候你會覺得好疲倦。我可以看得出來你很努力想要做到更好。」面對這樣的共情和呼應，我們才會感覺自己的情緒有眞正被照顧到。

當一個人在經歷壞情緒的時候，左腦負責邏輯的部分與右腦負責情感的部分都需要被照顧到，但當右腦的情緒無法被先照顧到時，道理是無法直達心裡的。當我們只講一些理性層面的道理而缺乏情感呼應的時候，對情緒的干預是不管用的。這也回答了爸爸媽媽經常會問的一個問題：「學了很多道理，卻依舊搞不定一個孩子，到底是什麼原因？」這往往和我們與孩子在情感方面「失聯」有很大的關係。

面對孩子的壞情緒時，養育者下意識的應對方式，無論是壓制、逃避還是情感失聯，或多或少都來自我們曾經是怎樣被對待的。每個人的成長過程都會有不完美與遺憾，當有機會養育一個孩子的時候，那也意味著養育者有了機會去給眼前的孩子提供一些自己不曾有過的東西。這個過程並不容易，有時候甚至令人感到很陌生。也許在此之前，養育者需要先去養育自己內心那個可能還需要被照顧的小孩。

如果養育者感覺在面對孩子的壞情緒時無法把持住自己的壞情緒，也許可以嘗試進行這個練習：先深吸一口氣，慢慢地從一數到十。在這個過程中，回想一下自己曾經身為一個孩子的感覺。可以想像一下，當自己作為一個孩子，有各種各樣的壞情緒時，周圍人是如何對待你的？那些方式帶給你哪些體驗？有沒有一些方式在當時能夠安撫你，讓你感覺好一些？那個小時候的你希望周圍人怎樣來幫助、支持你呢？

可以試著回憶一些小時候被大人們深深支持的時候，也許那源於一個擁抱，也許只是拍拍你的肩膀，也許是一句特別讓你感動的話。那些讓你得到支持的表達方式未必能夠在育兒書中看到蹤跡，但是你對它有著非常確實的感覺。

同時，你也可以回想一些自己小時候比較受挫的、失落的場景。在那樣的場景當中，可能你並沒有得到來自爸爸媽媽足夠好的回應，可能你也曾經被打壓過、忽略過，或者爸爸媽媽試圖幫助你，但他們所說的話並不是你想聽的。這些不那麼完美的時刻也在提醒著我們，可以選擇用其他的方式來對待我們的孩子。

當每一個爸爸媽媽開始反思自己童年成長經歷的時候，對於怎樣與面前的這個孩子相處，可能會有各種各樣的靈感或者方法出現。再怎麼強調都不為過的要點是：**面對孩子的壞情緒，連結情感優先於提供解決方法**。在我們給出一些具體的解決方案或者理解問題的角度之前，我們都需要先看到孩子當下承受著多麼強烈的情緒。對孩子而言，他只會體驗到「我很不開心」，可是他很難用非常精準的詞彙表達出這種不開心是什麼、從哪裡來，但這些不開心需要被養育者看見，無論是以言語（「你是不是感覺很委屈」）還是非言語（拍拍肩膀或一個擁抱）的方式。

很多養育者在一開始會懷疑：這些看似無用的方式眞的能幫到孩子們嗎？但在嘗試後也會驚訝於孩子的壞情緒的確在這些「被看見」的時刻變得溫和起來，這幾乎是一種「無招勝有招」的體驗，重要的是養育者會經由這樣的經驗意識到：原來我自己就有力量陪伴孩子度過那些壞情緒，而力量不是來自某本書的某條「魔法」。

身為諮商心理師，你能搞定自己孩子的壞情緒嗎？

我常在諮商室裡遇到父母抱怨自己花錢參加了很多育兒課程，卻發現沒什麼用——爲什麼我花了很多時間學習育兒知識，但在實踐中還是感到束手無策？爲什麼別人學了有用，對我的孩子就不奏效？這麼多的育兒知識，我應該怎麼學才對？

他們經常轉而對我有一種幻想：你是諮商心理師，一定非常知道怎麼搞定自己家的孩子吧！

我對這個問題的眞實想法如下：

第一點，面對孩子時，我是他們的媽媽，而不是諮商心理師。不管是在工作中還是生活中，我都不喜歡用「搞定」二字，因爲這個詞語已經隱含著不那麼平等的意味了。「看見」孩子才是成長眞正發生的起點。

第二點，如果一定要說這個職業帶給我什麼的話，我覺得它讓我知道，有時候孩子有一些狀況也不是什麼大事。我覺得可能很多人對於我的職業有一種幻想，會覺得我們可能像哆啦A夢一樣，永遠裝著各種各樣的方法，可以搞定小孩，但是其實未必如此。

我們可能只是更知道怎樣才算是眞正「看見」孩子——「看見」孩子壞情緒背後的眞實需求，而不是用一種大而全的方法「搞定」他們。

面對孩子的壞情緒，養育者也會感覺痛苦，會幻想有萬能的方法來消滅孩子的不開心。這種對於全能感的嚮往是可以理解的，但對於親子關係來說又有可能是種阻礙：不管對於孩子還是養育者來說，壞情緒的存在就像是「創造」了一些成長的空間，讓人可以發展更多的自我調節或共同調節方式，去面對人生的起落無常。

「知識育兒」本質上是非常值得鼓勵與學習的。但狂熱地學習育兒知識的背後，也經常隱藏著養育者的匱乏感——倘若養育者本身沒有被父母溫柔對待過，那麼要去溫柔對待一個孩子，要去提供一些自己從沒經歷過的東西，並不是那麼容易的一件事情。

高度競爭的社會文化經常會不知不覺裹挾父母的養育節奏，以致父母總焦慮於自己是不是做得不夠好、不夠多，進而變相促成了知識育兒的狂潮。

但爲什麼學了這麼多理論還是無法面對或解決孩子們的壞情緒呢？

「你教我一個辦法，讓我一招搞定孩子」，這是許多養育者會有的急切心態。在自媒體的私訊留言裡，我經常看到很多養育者幻想透過一個簡單的回答去解決一個特別大的問題。比如說有的父母會問：「我的孩子一生氣就大吵大鬧，該怎麼辦？」這個問題很大，大到可以寫一整本書，但很多父母會有一種幻想，覺得最好有個理論可以幫他們快速搞定這些東西，但問題發生時，需要被看見的是孩子，而不是知識。

首先，過度的知識育兒會隔離情感，親子關係中只剩下解決方案，這樣孩子是很難接受的。

比如某派育兒理論中有個工具化的操作技巧，父母在和孩子溝通時，應該先和孩子回饋他的感受，例如：「我知道你現在很生氣，因爲媽媽沒有給你吃這塊巧克力，你感到非常非常生氣。」回饋孩子情感這個出發點是好的，也很重要，但有些父母只想著照搬書上或講師的原話，機械化操作，反覆地對孩子說這句話，而沒有看到自己孩子當下的情緒有何獨特之處。比如孩子的不高興有可能並非因爲沒吃到巧克力，而是對父母最近工作太忙感到失落；也有可能是因爲家裡有了弟弟或妹妹，孩子心裡有不公平和委屈的情緒沒被看見；又或許孩子只是想吃一塊巧克力而已，父母卻因爲過度擔心與焦慮而拒絕了孩子的合理請求。機械死板地照搬理論，對孩子絕對是沒用的。

其次，理論是一樣的，但每個孩子都不一樣。

不管學了多少東西，父母都應該知道，每個孩子、每個家庭都是不一樣的。沒有一條全球通用的原則能適用於所有人，明白知識的侷限性也是父母成長中很重要的一部分。即使是從事相關工作的專業人士也必須花很多時間去瞭解孩子是怎樣的人、父母是怎樣的人、家庭內部關係怎樣，才能把理論和眼前的孩子結合以做出一些假設。

「頭痛醫頭，腳痛醫腳」這種方式不適合教育孩子，因爲讓父母頭疼的各種行爲背後可能有更深層次的原因。孩子的狀況本身，可能是孩子對家庭關係有所覺察後的一些無意識行爲，比如父母關係不好，或者家裡總有人吵架，或是有了弟弟或妹妹，老大感覺很不開心。這些情感層面的問題，需要家長從根源上去面對。

有時，一些剛上完某種親子溝通技巧課程的父母經常會發現在短期內，那些策略對孩子是有用的，但時間久了又不行了。很多人會一再地參加課程或工作坊，他會想如果那樣做不管用了，是不是自己哪裡做錯了。其實，眞正的問題可能是父母本身的關係問題或人格問題，又或是家庭在經歷嚴重的危機，但父母可能會回避這些問題的存在，對這些問題視而不見。死死抱著知識而不去面對家庭中眞正的問題，是沒辦法讓孩子的問題行爲得到改善的。

第三，養育者需要意識到的是，育兒理論並非都是正確的。

知識本身就是有侷限性的，覺得知識無所不能的人往往是非常自戀的人。即使某個育兒理論有極高的普遍性和適用性，但任何工具的使用都需要大量的練習。有一些育兒課程理論的出發點其實是大量運用心理諮商的技術，但即使對於一個諮商師來說，這些技巧都要經過大量的練習、督導和自我體驗才可以去運用，對一般的父母來說就更難了。而且，心理諮商的這些技術和技巧，即使是諮商心理師也不會在諮商室外刻意使用，不然會讓人感覺非常不眞實，或者可能會讓人覺得被冒犯，會感覺自己一直在被人盯著分析，這種感覺並不是很舒服。

一把刀既可以用於做手術，可以用於切菜做飯，也可以用於與人搏鬥——用它的人是誰以及目的是什麼很重要。如果孩子察覺到「知識」是父母用來控制自己的工具，那麼也一定會用各種方式還擊的。

此外，市面上也有一些不合格的育兒心理講師，他們很難眞正幫助、支持孩子或養育者。

而一直被父母用各種理論應對的孩子，他們的情況是怎樣的呢？

1. 極度憤怒的孩子，也許是在代替父母生氣

當孩子被過於理智化的父母對待時，經常會呈現出幾種狀態，有一種是憤怒，從精神動力的角度來說，彷彿是在代替他的父母憤怒。

比如當爸媽看到孩子情緒失控，在地上打滾，心裡很惱火，但還是表現得很平靜，像唐僧一樣，非常理性地照搬書本，念叨從書本上學來的東西時，孩子會越來越氣憤，這種氣憤其實有一部分是在替父母生氣。因爲很多時候，親密關係中最重要的基礎是眞實，如果本就有激烈的情緒卻表現得太過平靜、太過理性，其實是喪失了眞實的基礎，而這樣的關係是不親密的，所以孩子透過這種極致的情感表達，彷彿在告訴爸爸媽媽：我想要你是一個人，而不是一個機器人。

所以，父母如果有情緒，孩子並不會因爲你說自己很生氣而被嚇到。父母有情

緒卻不表達，對孩子來說才是一種非常糟糕的體驗，因爲他會覺得爸爸媽媽對待我的方式很虛假，這就意味著幾乎喪失了建立關係的任何基礎。偶爾對孩子發個火，有時也是感情夠深的一種表現。

2. 自我封閉的孩子，也許是在反抗父母的過度理智

第二種狀態是這個孩子會進入一種比較自我封閉的狀態。精神分析心理學中有個術語叫作「被動攻擊」，那些看起來沒做什麼，但結果卻讓周圍人很不爽的事情，都可以看成是被動攻擊。在這樣的情境下，父母可能會氣急敗壞地跟孩子說：「我都做到這樣了，你怎麼還不回我的話。」

可能爸媽之前用了很多書本上的訣竅和孩子溝通，發現沒有用，於是流露出眞實的情緒，比如告訴孩子自己當下的感受：「你這樣媽媽眞的很著急，不知道怎麼辦才好。」這時，你會看到孩子的眼淚開始流了下來。雖然這一刻父母只是如實表達了自己的急切與無能爲力，看起來一點也不像高深的魔法，但很眞實，情感是飽

滿的。

很多時候，孩子會用沉默的方式來反抗父母過於理智化的溝通方式。養育者不妨想像一下，如果你在談戀愛，戀人卻天天照著書跟你講話，你會開心嗎？在育兒過程中，照著書講話就會給孩子這樣的感覺，會令人覺得「你根本沒有看到我的存在」「你只是在用很多所謂的理論和我交流」「你不是真的在和我講話」。所以在這種情況下，孩子也許會很強烈地反擊，也有可能會透過沉默、不配合或者敷衍的方式來回應父母，形成被動攻擊，讓父母覺得心累。

但是這種被動攻擊可能會有效。所謂的「有效」就是父母會崩潰，會展現出最真實的情緒。雖然父母的情緒太過強烈，孩子的確可能會面臨另一層心理壓力、甚至創傷，但至少那一刻雙方都是真實的，而不是活在書本裡的狀態。

3. 孩子的情感表達能力弱

被父母長期過度理智化對待的孩子普遍還會出現的一種狀態，就是情感的表達能力非常弱。這一點聽起來很奇怪，因爲幾乎所有的育兒書都會告訴父母，用語言表達情感很重要，你一定要幫助孩子先回饋他的情感等等。但是父母如果非常生硬地照搬這樣的做法，效果往往並不好。

我經常會在工作中問父母一個問題：「看到孩子哭得那麼厲害時，你心裡有什麼感覺？」有的父母會說憤怒，有的說難過，有的說內疚，有的說自責，有的說困惑，各種各樣的感覺都有。其實那一刻他們內心體驗到的情感，往往是與孩子的情感「心意相通」的。換句話說，孩子透過情感的傳遞，讓父母知道他的內心在體驗什麼。比如，哭的背後有可能是生氣，有可能是內疚，有可能是不知所措，父母若想知道這個答案是什麼，就必須在那一刻和自己有所連結，去覺察內心那一刻的感受。

記得很久以前孩子年紀還小的時候，有一天突然把一本書很用力地丟在地上，顯得非常憤怒。其實我完全可以說：「你在幹什麼?你不許這樣。」然後把她罵一頓。但是那一刻，我內心有一點非常難過的情緒，我也不知道這種難過到底從哪兒來，但似乎又覺得有點自責，可能那段時間工作忙，陪孩子的時間比較少。於是我問她：「你剛才丟書，是不是因爲媽媽這幾天工作很忙，沒有很多時間陪你，所以你很不高興？」然後她一下子就抱住我說：「是的。」一個小小的壞情緒危機就這麼過去了，有魔法的是我對自身感受的誠實，而不是什麼高深的技巧。如果我在那一刻非常想當然地認爲她丟書是在生氣，並自以爲是地說教一番，那也許就錯過了一個讓情緒可以被觀察和思考的機會。

4. 過度理智化與控制的父母，容易遭遇孩子在身體層面的反抗

一些「走腦不走心」的父母，看起來從不發火，但是他們運用理論的出發點是爲了全然控制孩子，那麼孩子絕對不會買單，不管你僞裝得多麼和顏悅色，他都知道「你就是想控制我」「你就是不想讓我活出我自己」，孩子一定會有辦法來反抗你的。當孩子語言表達能力有限的時候，他會透過展現壞情緒讓父母知道自己心裡在感覺什麼、在想什麼。在和許多青少年來訪者工作的過程中，我發現他們經常會

在身體層面上反抗父母的過度理智化與控制，比如出現飲食障礙或者自傷自殘。

很多時候當我在諮商室裡問父母「你有什麼感覺」時，父母告訴我的是他們的判斷，而不是他們的感覺。他們的判斷可能是「孩子在那一刻想引起我的關注」，於是我會打斷父母，說：「這是你的判斷，不是你的感覺。感覺是指生氣、難過、委屈、憤怒等等，你可以描述一下嗎？」他們會突然安靜下來，感覺很難回答這個問題，但是如果我給他們時間的話，過一會兒，他們會回饋出一個對我們來說很有價值的回答。有的父母會說：「我可能會很內疚，因爲我覺得我平時做得不夠好。」其實，孩子有時在發脾氣、失控的時候，他自己也會經歷非常內疚的情感。你可以想一想當你自己是個孩子在經歷內疚時，你會希望身邊的人對你說什麼、做什麼。父母可以站在孩子的立場上去思考這個問題。

但是，一個過於擁抱知識而非情感的父母，是沒有辦法眞正站在孩子的立場上去思考的。如果不能和自己內心很眞實的情感待在一起，則可能很難想到這些層面的問題。在這樣的環境中長大的孩子，對於自己的情感體驗也經常是遲鈍與隔離的，比如一些自我傷害或者暴食的孩子，經常會出現一些和情感「失聯」的狀態：我也知道這樣不好，可我不知道自己那一刻到底怎麼了，就是很痛苦但控制不住自己去做那些事情。這樣的孩子需要更多新的體驗，才能慢慢學會誠實覺察與面對自己當下的情感，在痛苦發生時能談論和思考它們，而不是簡單透過「做些什麼」來解決那些情緒。養育者有機會在孩子童年就幫助他們習得的技能，只能到了青春期再補足，但付出的代價往往很大。

那麼面對各色育兒理論，父母到底應該怎麼選擇呢？

首先，養育者可以多看眞正經典的書籍。同一樣工具未必適合所有的孩子，但先於工具產生的育兒理論之中往往有著能讓父母融會貫通的智慧，因此我建議父母像追根溯源一樣，去靜下心來看一兩本經典的、暢銷的好書，比如塞爾瑪．弗雷伯格（Selma H. Fraiberg）寫的《魔法歲月》（*The Magic Years*），一九五九年一經出版就暢銷至今，是一本很值得學習的兒童心理學著作。

其次，養育者可以嘗試多思考自己身為一個孩子的體驗。

父母最大的力量來源並不是書本，而是自己曾經身為一個孩子的體驗，不管那些體驗是好的還是壞的，都可以帶來很多的啓發和思考，讓我們知道應該怎麼對待自己的孩子。

有些父母的童年過得並不幸福，有很多的痛苦和創傷。因為自己小時候沒有被好好對待，所以更可能知道父母的無心之失也許會給一個孩子帶來多大的影響，他不想讓這樣的影響在孩子身上重演，以致過於小心謹慎地衡量自己在養育孩子過程中的種種表現，變得過於焦慮。但是這種焦慮背後，可能是父母自己內心有一些非常創傷性的體驗。

也有一種可能是，幼時經歷過痛苦的父母很容易把一些熟悉而難以言說的感覺付諸行動，比如被家暴的人可能又去打孩子了。也許他還無法面對自己童年成長的經歷，因為這對他而言可能是非常痛苦的。在這種情況下，父母當然可以求助諮商心理師，如果不求助諮商心理師，也可以看一些文學作品、影視作品，或者只是和自己的配偶聊一聊，和朋友聊一聊，寫一些類似於自傳的東西去療癒自己，這些方式都可能幫助人們重新找回自己身爲一個孩子的體驗。

對每一個家長來說，身爲孩子的體驗都是非常豐富的寶藏。很多父母來到我的諮商室裡，我教給他的並不是怎樣翻閱某本書找到一個答案，而是怎樣透過自己去尋找到一個適合孩子的答案，在這個過程中，自己身爲一個孩子的體驗是非常重要的。

不管是作爲父母還是一個人，都要看到自己有侷限性的那部分，這才是讓自己和周圍人過得更好的生活祕訣。

最後，養育者要有獨立思考的能力。

很多父母都希望自己的孩子擁有獨立思考的能力。父母是孩子最好的老師，當我們在學習知識理論的時候，也需要有這種獨立思考的能力，而不是說別人告訴你他是全能的，你就接受他是全能的。你需要用一種思辨的方式，去看待這些理論好的地方有哪些，存在侷限性的地方有哪些，適合我家孩子的有哪些，不適合我家孩子的又有哪些。包括前文提到的經典書籍，其理念和方法的適用性可能也會隨著歷史的變遷而有一些變化，因爲現在的時代和過去很不一樣，培養批判性思維和獨立思考的能力也是父母的一項自我修煉。面對眼花繚亂的育兒理論知識，這點尤爲重要。

照顧孩子的壞情緒前，先照顧自己的壞情緒

許多爸爸媽媽都遇到過這樣的狀況：當寶寶開始又哭又鬧，或者顯得非常委屈時，自己內心也會有一團無名火騰地就升了起來。在那一刻，很多爸爸媽媽內心會有非常衝突的感受，一方面感覺需要做些什麼來處理孩子的壞情緒，另一方面又覺得自己在氣頭上，沒有辦法正常行使爸爸媽媽的職能，甚至可能因爲自己的脾氣而傷害到孩子。這的確是一種很兩難的局面。

搭過飛機的人都知道，在我們看安全宣導影片時，會有這樣一段指示：當飛機出現一些緊急狀況，氧氣面罩掉落時，同行的大人需要先爲自己戴好氧氣面罩，才

能去為旁邊的孩子戴上。這給了我們啓示，就是在充滿壓力的情境中，成年人永遠都要先照顧好自己的情緒，才能去照顧孩子的情緒，這是我們處理這種狀況的一個大原則。

很多爸爸媽媽可能會擔心：當我們把孩子放在旁邊，任由他沉浸在壞情緒中，這是否會給他留下心理陰影？記得有一位同行寫過一句話：「孩子不是豆腐，並不會一碰就碎。」對於這句話，我是部分認同的。我們可以允許孩子在一段時間內去經歷一些壞情緒，比如哭泣，或者對一些事情感到很憤怒，但是我們需要避免讓孩子體驗到一種來自父母的拋棄感。這種拋棄感是指有的爸爸媽媽在自己的脾氣上來時會對孩子說：「如果你再……，我就不要你了。」或者：「如果你現在不停下來的話，我們就走了，隨便你自己和誰回家。」這樣的表述會讓孩子感到非常的恐懼，會感覺自己的情緒並不被爸爸媽媽所接納，甚至有可能會因為壞情緒而受到懲罰，這些感受並無助於孩子從壞情緒中成長。

我們可以用另一些方式對孩子說，例如：「你可以現在在這裡哭一會兒，但爸爸媽媽也需要時間冷靜一下，會去房間裡待一會兒，等你需要的時候可以過來找我們。」或者：「你現在在這裡哭，我也很心煩。此時此刻我並不知道要怎麼辦，但是我會在這裡陪你待一會兒，我們都冷靜一下。」

這樣的表述會讓孩子感覺雖然當下爸爸媽媽並沒有什麼好的方法能幫助自己，但至少他們願意維護這段關係，是一種不離不棄的狀態。在一段親密關係當中，這種不離不棄對對方來說是一種非常重要的情感。

養育者在自己的壞情緒滿溢爆發的當下，不妨試著從縱向和橫向兩個角度問問自己。

在縱向角度上，我們可以問自己：此時此刻，我體驗到怎樣的一種情緒？這種情緒對我而言是不是很熟悉？當我體驗著這種情緒的時候，我是否會回想起一些過去的事情？那是一些怎樣的場景？在那樣的場景中有一些怎樣的人？

比如當爸爸媽媽在體驗到憤怒的情緒時，可能會聯想到小時候被自己的父母攻擊時的那種憤怒，而自己的孩子非常憤怒的狀態則啓動了自己小時候面對強權而無法反抗的那種情感。

在橫向角度上，我們可以問自己：最近我是否經歷著一些壓力，我是否在工作中有很多壓力無處釋放？我是否在和另一半的關係裡有許多不滿與壓抑？有時父母之間的夫妻關係可能也會給親子關係帶來諸多壓力，但那都不是孩子造成的。

當我們可以在縱向和橫向兩個角度，覺察到當下我們的壞情緒背後有著什麼樣的需求，我們就可以更好地看到眼前孩子的壞情緒背後也許有些什麼，而把自己的問題和孩子的問題區分開是突破情緒衝突僵局的重要一步。

最糟糕的一種情況是父母並不具有情緒覺察的能力，認為當下我自己的糟糕情緒都是孩子造成的，那樣一來，孩子可能就會莫名其妙地成為父母生活當中的替罪羔羊，替他們承受了很多其他方面的情緒，這對孩子而言是不公平且壓力巨大的。

覺察情緒之後，我們可以看到眼前的孩子其實也是非常脆弱的，他並不是故意要傷害我們，讓我們有壞情緒。他的行為只是從某種程度上，啓動了我們另一些部分的壞情緒。

當父母和孩子一樣體驗著強烈的壞情緒時，如果還有一點能量的話，可以試著做以下的事情：

就像我們幫助孩子表達自己的情緒一樣，能對孩子坦誠表達我們的情緒也是非常重要的，只不過要用建設性而非破壞性的方式。我們可以告訴孩子：「當你這樣大哭大鬧的時候，我也非常難受，我覺得你似乎在逼迫我一定要給你買那個玩具，這讓我感覺很不舒服。」雖然這樣的敘述並沒有給出具體的解決方案，也沒有就孩子是否買玩具的過程進行討論，但是至少向孩子展示了大人能夠面對自己情緒的勇氣。這裡面的潛臺詞是：「如果我能如實面對自己內心的脆弱，那麼我也可以面對你內心的脆弱。」

如果使用破壞性的表達方式，比如給孩子一巴掌或者大吼大叫，孩子因此而安靜下來，那麼他習得的是對於恐懼與暴力的服從，而不是在負面情緒來臨時能繼續平等交流。當養育者能用語言表達自己內心的眞實體驗時，其實也是讓孩子看到，原來我是可以透過「表達」來面對自己內心的脆弱體驗的。無論是否已經有語言能力，孩子都會從這樣的示範當中學到很多。

對父母而言，我們也需要做到的一點是，在有可能的情況下向他人求助。

每一個孩子的照護者都會想盡辦法給孩子最好的照顧，因此當我們在照顧孩子的過程中經歷各種各樣的壓力與挫敗時，會非常需要一個空間與時間去調整我們自己。在這樣的時空當中，如果有其他的照護者（比如爸爸、外公外婆、爺爺奶奶、保母等等）在場，我們可以讓他們照顧一下孩子，藉此給自己一些時間進行調整。

太多的情緒加在一個人身上是難以消化的，但如果有其他的人可以幫助你去共同面對當下的情緒壓力，這會讓感受好很多，對孩子而言也是一種示範。就好像當他自己有壞情緒的時候，是可以選擇和大人一起去承擔那些壞情緒的。

在我們與孩子就具體問題的溝通當中，還需要掌握的一個原則是承認彼此的脆弱，看見彼此的努力。

我們可以承認我們都是有情緒的人，都會有一些時候眞的不知道該怎麼辦。但與此同時，我們也需要讓孩子看到：「媽媽爸爸在很努力地和你溝通，我們也知道你在很努力地讓自己安靜下來、平靜下來。」這樣的承認脆弱、看見努力的過程，能讓爸爸媽媽和孩子在那一刻緊密地待在一起。很多時候孩子要的並不是那個最終的結果，而是爸爸媽媽在這個過程當中，對他所展露出的各種各樣的態度。每個孩子都會在成長過程中大大小小的衝突裡體驗壞情緒，但是這些衝突時刻發生後的心理調節過程以及隨之而來的心智化能力則會伴隨孩子一輩子。

從原生家庭中，找到破解壞情緒密碼的力量

經常有爸爸媽媽留言說，每當發現自己對孩子發脾氣或者看著孩子發脾氣的時候，都會不由聯想到自己小時候的一些事情。可是隔了這麼多年，那些小時候的記憶也許已經變得模糊，也許我們只能從一些支離破碎的敘述中，去慢慢瞭解當年的自己是怎樣被父母所養育的。那麼在資訊有限的情況下，我們如何與自己的過去產生連結，進而找到更好地處理孩子當下壞情緒的力量呢？

我想許多父母都經歷過自己控制不住對孩子發脾氣的時刻，可能都會發現，自

己在某些時刻變成了曾經最不喜歡的那個大人——那個看上去面目猙獰、無法耐心說話的大人。儘管我們不一定能夠回憶起自己小時候經歷了哪些暴力的片段，但這些不愉快的體驗、不舒服的感覺可能一直存在我們的記憶當中。

除了原生家庭帶給我們這些記憶的烙印之外，爸爸媽媽當下的壓力與疲勞，有時也可能導致情緒失控。而這一節想要談論的是來自原生家庭的一些密碼。

在我們的成長經歷中，各種各樣的體驗無論是否被記得，都會在我們的大腦裡留下痕跡。而其中最爲深刻的痕跡，往往來自從小到大的一些創傷性體驗。

「創傷」聽起來是個很嚴重的字眼，但其實它是一個非常相對的概念。有的人經歷了巨大的天災人禍，比如大地震，但是他依舊可以走出創傷，活得非常健康；而有的人可能只是經歷了在旁人看來並不怎麼大的創傷，比如被老師責備了一次，就有可能選擇自殺這樣極端的方式來應對那一刻內心痛苦的體驗。創傷是一個對每個人來說都很私人化的概念。而我們之所以要去面對這些創傷，正是因爲它們會以各種有形或無形的方式改變我們的大腦，改變我們的行爲。

很多時候當我們經歷一些非常恐懼的體驗，或者具有非常強大情感張力的體驗時，我們的大腦會塑造一種新的行爲模式來讓我們生存下去，免於遭受危險的侵襲。比如當我們小時候被爸爸媽媽吼叫時，大腦教會我們用一種方式來保護自己，那就是逃跑回避；而這樣的一種機制可能會在未來出現相同創傷感覺的時候，一而再再而三地被重複使用。

當我們成爲父母以後，如果孩子對著我們大吼大叫，一種大腦反應機制可能被啓動，我們可能會無意識地採用自己以前已經非常習慣的行爲模式去應對孩子的吼叫。比如如果對於爸爸媽媽的吼叫，我們採取的是回避，那麼當孩子壞情緒爆發大吼大叫時，我們可能也會選擇走開或者回避當下的情境。

但是那種應對方式對一個孩子的養育並不是有效的。它也許在很多年前保護了我們，讓我們在作爲孩子時免於感受到太大的痛苦；但當我們自己成爲父母，當我們有力量帶領孩子去發展出更多的情緒處理機制時，「逃避」會使養育者損失很多讓孩子獲得愛與成長的機會。

當然，每個人的大腦應對創傷後所塑造的行爲機制可能是截然不同的。比如有的爸爸媽媽選擇以牙還牙、以暴制暴的方式，這有可能是他小時候經受某種創傷性體驗時所形成的習慣。我們也許記不得到底是哪一個具體的事件讓我們形成了這樣的模式，也有可能是一些小事情日積月累，讓我們慢慢學會了將這樣的方式作爲一種生存策略。可是當我們失去對於這部分生存策略的覺察時，我們可能就難以看到更多陪伴孩子成長的機會。

那麼當我們進行自我覺察，看見自己用一種特定的模式去應對孩子的壞情緒時，該怎樣和自己的過去產生連結，並且從原生家庭中尋找到力量來處理孩子當下的情緒呢？我會給養育者們這樣一些建議。

首先，當我們在處理創傷所帶來的壓力反應策略時，第一步是去談論它、面對它。你可以選擇和自己的伴侶談論一下當下的感覺，談論一些童年回憶，聊聊一些往事，以及它們帶給你的各種各樣的感覺。你也可以試著去看一些電影、小說，從那些文藝作品中尋找到相同的情感，尋找到相同的創傷應對模式。然後去體驗在那樣的情感暴露當中，你會體驗到一些怎樣的感覺，你會看到一些怎樣的「內心戲」。

與此同時，無論你在多大程度上能夠回憶起往事，你都可以告訴自己同一條訊息：「此時此刻的我，已經不是當年那個無法選擇被誰養育的孩子。此刻，我是一個有力量去養育自己孩子的父母。無論當年我的爸爸媽媽對我使用了多麼不合適的養育方式，此時此刻，我有能力去選擇不同的方式養育我自己的孩子。我現在長大了，我有足夠的能力可以保護我自己，我也有足夠的能力給予我的孩子不一樣的童年。」

這樣的自我梳理可以幫助我們在孩子壞情緒爆發時保持反思與覺察，幫助我們分清現實與幻想，充分意識到此刻站在孩子面前的並不是當年那個弱小無助的自己，而是此時此刻願意肩負起下一代身體及心智養育責任的「我」。

當我們意識到這些時，也無須逃離心裡那個活在過去無所適從的小孩。也許正是因爲我們有過去那些敏感脆弱的體驗，才可以更加理解眼前這個脆弱的、崩潰的孩子真正需要什麼。

我們可以問問自己，當我是孩子的時候，當我感覺到如此憤怒和害怕的時候，我希望周圍的成年人對我說些什麼、做些什麼。當你對這樣的問題能夠尋找到一個答案時，那也許就是最適合你孩子的答案。

也許育兒專家、心理專家有許多經驗之談，但是經驗之談未必真的適合你的孩子。最適合孩子的情緒調節方式在他爸爸媽媽的心裡，養育者能和自己內心的這些部分保持連結，恰恰是孩子在情緒發展道路上穩健前行的根本動力。

情緒小學堂

● 問題1：如果父母用「不正確」的方式處理孩子的壞情緒，孩子就會被養壞嗎？

答：生活很多時候並不完美，成年人也有自己的侷限性。好消息是，當養育者偶爾用並不那麼合適的方式對待孩子時，也有可能會帶給孩子一些與成長有關的體驗。

● 問題2：當孩子哭鬧時，養育者要百分之百淡定，一定不能對孩子發脾氣嗎？

答：一個從來沒有發過脾氣的養育者，對孩子而言有可能是非常不真實的。親子關係中有愛有恨，才是更為真實的親密。

●問題3：父母可以用自己的權威壓制孩子嗎？

答：壓制有時候會管用，但長期被壓制壞情緒的孩子，經常會在青春期出現情緒憂鬱或自傷的情形，彷彿那些硬生生被壓下去的壞情緒以另一種方式完成了身心的表達。

●問題4：當孩子發脾氣的時候，如果父母遠遠逃開，或者有意無意視而不見，孩子可以自動讓壞情緒消失嗎？

答：壞情緒的確有可能會在一段時間後自然消解，但孩子從這樣的經歷中習得的體驗是「發脾氣的我是不值得被關懷的」「大人們只喜歡很乖巧、很聽話的我」。這樣的心態容易讓孩子無意識中形成討好型人格，無法在照顧自己的真實情緒與平衡外界需求之間找到中間地帶。

●問題5：育兒理論都是正確的，不需要操練就可以使用嗎？

答：一把刀既可以用於做手術，可以用於切菜做飯，也可以用於與人搏鬥——用它的人是誰以及目的是什麼很重要。如果孩子察覺到「知識」是父母用來控制自己的工具，那麼也一定會用各種方式還擊的。

第四章

帶著「溫和的好奇」去觀察，讀懂嬰幼兒的情緒祕密

嬰兒的哭鬧，其實是他們的語言

過去十三年的心理諮商工作中，我與之工作過年紀最小的對象是出生三個月的小嬰兒。不少人會好奇發問：小嬰兒連話都不會講，居然能做心理諮商？難道你有什麼特異功能嗎？

其實我並沒有魔法去和小嬰兒進行溝通，無非是帶著「溫和的好奇」去觀察與感知他們的各種細微表情動作，然後幫助養育者讀懂小嬰兒獨一無二的非言語訊號，並給予適當的回應罷了。小嬰兒雖然不會用言語來表達自己，但他們非常擅長用一些非言語的方式來讓周圍人知道自己的情緒反應。

很多時候當一個小嬰兒開始哭鬧前，他也許已經用很多種方式向養育者發出訊號去溝通自己的感受了，但由於種種原因❶，當周圍人無法共同接收到那些訊號時，小嬰兒就只能靠著哭鬧來調節自身情緒與現實關係了。要體驗小嬰兒在這個過程中的感受，不妨想像一下在親密關係中，你向對方發出許多明示或暗示的訊號來表達自己的需求，但對方總是忽略或者誤讀，這種狀況發生的次數多了，你是不是很容易就會發脾氣抗議？小嬰兒哭鬧前所經歷的差不多就是這種體驗。

讓我們一起來看看小嬰兒會用哪些方式來和爸爸媽媽「說話」。

首先，在本書第二章關於自我調節功能的分享中曾提到，大部分小嬰兒出生時都自帶自我調節功能——他們會用移開目光的方式來隔離掉過多的外界刺激。很多小嬰兒目光移開又回來的過程變得頻繁，就意味著他在承受越來越大的壓力。比如當我們拿一個小玩具去逗嬰兒時，他可能會被逗得非常興奮。「興奮」對小嬰兒來說除了帶來欣快感之外，也會導致「壓力超載」的體驗產生。很多有經驗的養育者都知道，小嬰兒在過度興奮之後的崩潰大哭往往很難安撫。其實留心觀察的話就會發現，在徹底崩潰之前，小嬰兒可能已經越來越頻繁地把目光移開又回來了，彷彿是用那樣的方式告訴爸爸媽媽：「刺激太多了，我有點受不了了。」

玩耍尚且如此，如果是突然出現的陌生人或者感受周圍緊張的氣氛，那對嬰兒

---

❶ 詳見第二章。

來說可能會喚起更多壓力體驗。養育者可以透過觀察與識別孩子細微的自我調節方式，來幫助他們在徹底崩潰前就阻斷一些刺激。比如在瘋玩一段時間後穿插一些安靜的共處時間，允許嬰兒在面對陌生人時用自己的節奏來慢慢適應人臉，不要因爲（誤以爲）嬰兒聽不懂大人說話而把他們置於充滿緊張與衝突的養育環境等等。

如果能透過觀察嬰兒來提前緩衝過度的刺激，就有可能減少嬰兒的哭鬧。

第二，小嬰兒也會用各種肢體語言來表達情緒。

養育者經常會對早上孩子看到自己第一眼時那種手舞足蹈的樣子念念不忘。很多時候如果小寶貝有壞情緒，他們也會用蹬腿、嘟嘴等方式表達不滿。有些媽媽在給孩子餵奶的時候會被孩子咬一下或者擰一下，看起來似乎都是偶發的，但除卻長牙之類的生理原因之外，也有可能是孩子在表達內心情感。尤其是當媽媽和孩子正在或即將經歷一些「分離」時，比如在媽媽要回去工作，或者媽媽出差幾天不在家的情況下，餵奶時被寶寶咬的機率會大幅增加。養育者可以猜測一下小嬰兒試圖透過這些身體動作表達什麼，並且如本書第二章中所闡述的那樣，用「言語化」

的方式去和小嬰兒對話。

我有位朋友曾在寶寶十個月大的時候恢復工作出差了幾天，回來後有好幾天在睡前哺乳時，寶寶的情緒都很糟糕，大哭大鬧不肯喝奶。那位朋友很內疚，於是詢問我要怎麼安撫寶寶。我告訴她要不就和寶寶聊聊天吧，和寶寶聊聊那些見不到媽媽的感覺，那些生氣與傷心，聊聊媽媽出差時有沒有想寶寶之類的。坦白說，給出這些建議的時候我也不知道對這位朋友的寶寶會不會有用，我只知道「與嬰兒聊天」的方式在心理諮商工作中是有用的。法國兒童精神分析師凱薩琳．多爾托（Catherine Dolto）也曾在她的著作中論證與嬰兒聊天的重要性及有效性。第二天，朋友向我描述了一個非常神奇的過程：當她半信半疑和寶寶聊了幾句後，寶寶先是停止哭鬧並安靜了下來，接著這位十個月大的小寶寶掄起一個小拳頭，咚咚咚朝媽媽胸口「打」了三下，然後就咕嘟咕嘟喝起奶來了——誰說小嬰兒不會「說話的」?!

第三，小嬰兒也會透過生活節律的變化來傳遞情緒。

一些孩子的飲食習慣突然發生變化，比如格外挑食、甚至厭食；或者睡眠習慣突然發生變化，比如本來睡午覺，突然不睡了。對這些生活節律的偶發改變並不用太過擔心，但如果顯著改變超過一週，有時可能就預示著寶寶有壞情緒了。比如許多寶寶會在更換主要養育者、搬家、生病或手術後，出現長期而持久的生活節律變化。不少養育者在面對這類狀況時會感到束手無策，並且擔心寶寶是不是永遠都好不起來了。其實要應對這些壞情緒，除了上面提到的與寶寶聊聊天之外，還有一把關鍵的鑰匙藏在養育者自己心裡——我經常會問爸爸媽媽們的問題是：「當你在生活經歷重大變化、茶飯不思時，會希望周圍人對你說些什麼和做些什麼？有哪些說法和做法是雪中送炭？又有哪些說法和做法是在傷口上撒鹽呢？」

每個養育者對上述這些問題的回答都反映著他們過往的成長經歷❷，但無論有著怎樣的童年與價值觀，人類成長道路上的共同需求是「安全」——身體及心靈層面的安全感。當小寶寶有壞情緒時，他們會比任何時候都需要安全感，這裡既包括身體層面的安全，比如擁抱與撫觸，也包括心智層面的安全，比如養育者穩定、柔和的氣場與話語。尤其是對還不會走路和說話的小寶寶而言，只要是在養育者能承受的範圍內，再怎麼寵愛呵護都是不為過的，這些基於愛與安全的心理養分是身心健康發展的基石。而對學步期的孩子來說，身心安全也包括適當的界限，亦即「當我自己無法停下來的時候，養育者可以讓我停下來」。比如當一個孩子把手伸向插座時，或者把食物丟得滿地都是時，養育者恰當的管教與回應也會讓孩子有健康的安全感❸。

對成年人來說，嬰兒的心智世界始終是帶有神祕色彩的。他們不會說話，因此我們無從透過語言描述去知曉他們的腦海中到底有怎樣的圖景，但經由觀察他們的非言語表達，養育者會發現嬰兒其實一直在和周圍人「對話」，表達他們的喜怒哀樂，而哭鬧經常是他們用盡了各種溝通方式之後的終極「對話」形態。面對寶寶的

❷詳見第二章。
❸詳見本章「從六個方面提前準備，與學步期的各種壞情緒和平共處」。

哭鬧，你讀出了他們的哪些「話外音」呢？

孩子不好好吃飯，也許是在反抗控制

很多寶寶會在八、九個月左右開始出現與吃飯有關的壞情緒。比如突然有一天養育者發現，寶寶在吃飯時很想用手去抓那些食物，有些時候他們甚至會拒絕大人用湯匙來餵食，或者示意大人自己想要拿湯匙。有的小朋友則會出現各種各樣的偏食現象。這會讓養育者非常擔心，憂心孩子無法從食物中獲取均衡的營養。再大一些的孩子，有時候會用吃飯來要脅家裡的成員，要求家人讓他看電視或者讓他一邊玩玩具一邊吃飯。還有一些孩子到了兩歲左右還需要家人餵才願意吃。

這些和孩子吃東西相關的執拗或壞情緒，對養育者而言是個巨大的「威脅」：「哺餵」是養育者最基本的功能之一，當這個領域出現挫折與困難時，會大大動搖養育者對自身能力的信心。而當一個孩子不好好吃飯時，身邊的養育者往往都會顯得非常焦慮。

在兒童心理諮商工作中，每當遇到養育者因爲孩子的進食問題前來求助時，我會問的第一個問題幾乎都是「孩子有沒有機會嘗試自己吃飯？」在我的觀察中，一、兩歲時出現餵養困難的孩子，幾乎都有被強行餵食的狀況。所謂強行餵食，並不一定是指孩子不想吃卻硬餵給他。有些時候當孩子希望自己用餐具獨立進食而家長不同意時，也會造成變相的強行餵食。在這些情況下，餐桌就會成爲戰場。

曾獲美國前總統歐巴馬特別榮譽獎章的兒科醫生布列茲頓曾說過：「當餐桌成爲戰場，在這場戰役中，孩子永遠不會是輸的那一個。」❹我們會看到餐桌上孩子呈現出的很多壞情緒，往往是在抵抗養育者的控制欲。當父母對於進食這件事情有許多「應該」與「必須」的時候，孩子就會用消極的方式來對抗父母在這方面給他帶來的壓力，而消極就意味著「不吃」。

---

❹出自《給孩子立規矩》（*Discipline: The Brazelton Way*）（簡體中文版為嚴藝家譯）（編按：尚無繁體中文版）。

其實對於一歲以前的孩子來說，培養對食物的興趣遠比吃進去了多少東西更重要。很多爸爸媽媽擔心不好好吃各種食物會造成孩子偏食或營養不良。如果孩子是母乳或者奶粉餵養的，那麼在一歲以前大部分副食品的作用，更多是幫助孩子開啓一些味覺與咀嚼呑嚥體驗，去開始接受不同種類的食物，大部分營養的獲取源於乳製品，而非來自副食品。如果我們把支持孩子對食物產生自然興趣的窗口期變成了戰場，讓孩子對食物產生敵意，那麼當孩子對於母乳或乳製品的依賴越來越少時，後續的進食狀況才眞的有可能威脅到孩子的健康成長。

對一歲以前的孩子，我們可以盡可能提供多種類的食物，前提是孩子不會對這些食物過敏或者食物不適合咀嚼呑嚥。比如我們可以嘗試給孩子蒸好的條狀胡蘿蔔，讓孩子有機會拿在手裡自己吃。孩子對於進食這件事情越有自主權，就越有可能好好吃飯。有時這甚至意味著養育者需要在一定範圍內忍受小寶寶會在吃飯時把餐桌弄得亂糟糟的，這些階段性的「麻煩」能讓孩子在更長遠的人生道路上享受與食物的和諧良性關係。

爲了幫助寶寶抒解與吃東西有關的各種壞情緒，養育者可以從以下這些方面思考和努力。

首先，要盡最大可能把進食的自主權還給孩子。包括但不限於鼓勵孩子自行挑選一些餐具。即使是一歲左右的孩子，對於餐具的顏色、形狀也有自己明顯的偏好，我們可以帶著他們去商店裡，讓他們挑選自己喜愛的餐具。

第二，讓孩子參與準備食物的過程。尤其對於一歲以上的孩子而言，他們的手部精細動作已經允許他們去做一些和準備食物相關的事，這也是在增進孩子對食物的自主權。

第三，避免規定孩子必須要吃完多少，必須要吃得多快。我們可以觀察孩子在餐桌上的表現，一旦孩子對桌上的食物完全失去了興趣，用各種方式表達要下桌時，我們可以允許他結束這一餐的進食。如果孩子的胃口確實不好，沒吃下多少東西，那麼在下一餐開始前，要避免給孩子提供額外的零食點心。規律的吃飯時間與必要的饑餓感，能幫助孩子建立起健康的飲食規律。

有時候孩子在餐桌上的壞情緒也可能暗示著孩子正在經歷某種形式的身心壓力，比如孩子的主要養育者更換交替，或者孩子剛生完病精神狀態欠佳等等。

但有些時候，孩子與吃飯有關的壞情緒也有可能是他們展現某些突飛猛進式發展的前奏❺。經歷過重要考試的人一定記得，考前壓力大時，包括進食在內的許多基本生活習慣都會發生變化，會感覺胃口不好或者對食物格外挑剔。這種叫作「退行」的身心表現是一種暫時的行爲習慣上的退化，能幫助不同年齡階段的人累積更多能量去朝前邁進更大一步。有時候不管養育者如何調整，寶寶在某個階段就是不怎麼愛吃東西，但這樣的狀況持續一、兩週之後，某天養育者突然發現孩子掌握了一種新的技能（也許是突然學會走路了，也許是突然爆發出好些字詞），而當孩子掌握了新技能的時候，前一個階段在進食問題上的困難似乎也消失了，這說明孩子與養育者共同經歷了一個成長道路上的「觸發點」——一次以退爲進的成長飛躍。

歸根到底，吃飯是孩子自己的事情。若想避免與吃飯有關的壞情緒，養育者需要學會放手。

從六個方面提前準備，與學步期的各種壞情緒和平共處

爲什麼當一個孩子開始學爬學走的時候，經常會變得不可思議的執拗？許多育兒類書籍會提到「可怕的兩歲」這個概念來形容學步期孩子的各種壞情緒狀態，比如周圍人說東，孩子偏要往西；或者一會兒乖巧如小天使，一會兒破壞力驚人如小惡魔。其實學會走路本身意味著孩子又擁有了一項生而爲人的重要功能，對孩子的身心發展都是意義巨大的變化。要瞭解學走路背後的壞情緒，就要先試著想像一下這個過程對一個孩子而言意味著什麼。

對我們大人來說，走路是再平常不過的動作，但是每個養育者都會體驗到孩子學走路是一個漫長的整合過程。可以說每個孩子從出生的那一刻開始，他的每個肢體動作都是在爲日後學會走路做準備。當孩子經歷了漫長的八、九個月時間，開始慢慢進入學步期，他不會放過任何一個讓他學會走路的機會，因爲他是如此渴望成

❺詳見第二章「瞭解孩子成長過程中的『觸發點』，做不焦慮的父母」。

爲一個大人。全世界眞的沒有什麼可以打消一個孩子想要學會走路的願望，這也是爲什麼當孩子想要走去一個地方但被我們阻止時，他可能就因此大哭大鬧、尖叫起來。

有時當孩子走來走去很開心，而我們一把抱走他，或者叫住他帶他去洗澡時，寶寶會極力表達抗議。甚至在夜間，孩子從睡夢中醒來，有些時候也會執拗地在自己的小床裡扶著圍欄走來走去，讓養育者哭笑不得。

要和孩子學步期的各種壞情緒和平共處，養育者可以嘗試從以下六個方面進行一些思考與改變。

第一，養育者需看到，孩子在這個階段需要一些幫助才能接受「變化」。很多時候當我們想讓孩子進行場景切換時，他需要我們的幫助來完成「過渡與切換」。比如當他在孜孜不倦嘗試走路而吃飯時間到了的時候，相較於不說一聲就把孩子抱上餐椅，養育者可以透過語言或者類似沙漏之類的道具來讓孩子感知時間的概念，並接受在不同的時間去切換到下一個場景。有時在這樣的切換場景過程中，孩子也許會透過「留存」某件喜歡的玩具來相對平穩地進入下一項活動。比如如果孩子有一把自己特別喜歡的小水槍，我們可以在打斷孩子上一項活動時鼓勵孩子帶著小水槍去洗澡。能夠「留存」一些東西並將其帶入新的場景中，對這個年齡段的孩子而言是一種有效的過渡策略。

第二，養育者需要有心理準備的是，無論有多麼高超的技巧去吸引孩子的注意力，學步期的執拗本身經常是不可避免的，而陪伴孩子經歷這些情緒風暴本身也是一種重要的成長經驗。

在孩子因爲一些需求無法得到滿足而感覺沮喪的時候，養育者可以站在孩子的立場想一想：「如果此刻我自己感覺失控而沮喪，身邊的人做些或者說些什麼會讓我覺得好過一些呢？」有時在孩子情感激烈起伏的時刻，養育者做得或說得越多，孩子可能越會因爲訊息超載而煩躁；但如果什麼都不做，對孩子而言也會喚起沒有得到回應的絕望感，養育者也很難在這些時刻「雲淡風輕」，尤其是在公共場合或者和親友聚餐的時候，孩子如果爆發情緒，對養育者而言經常會是尷尬、甚至羞恥的體驗。

度過這些時刻需要創造出涵容壞情緒的空間。我們可以把孩子帶到一個相對安靜的地方，讓孩子哭一會兒，「過濾」掉一些過多的聽覺、視覺、嗅覺刺激（想像一下，即使是成年人在嘈雜的環境中也會感覺焦躁），在孩子願意的前提下可以試著抱抱他。

對養育者來說，也許需要放下一些不切實際的期待，比如一個一、兩歲的孩子並沒有足夠成熟的自我調節能力來從哭鬧中迅速安靜下來。孩子的壞情緒並不是對養育者能力的否定或貶低，經歷壞情緒是每個孩子成長過程中的必經之路且不可或缺。當養育者可以帶著更加平和的心態經歷孩子的哭鬧時，自己容納孩子壞情緒的心理空間也會相對大一些❻。

第三，養育者需要看到的是，圍繞著學步而產生的強烈情緒會不分晝夜地出現。表面上看起來這會讓孩子在各個方面出現行為上的倒退，比如有些孩子在學步期時會沒心思吃飯，有些孩子半夜醒來的次數會變多，這些變化並不代表孩子「變壞了」，而是當一件如學步般重要的事情占據他們的心理空間時，相對來說，其他的行爲情感表現就會退回到較原始的階段。當孩子眞正學會走路的時候，倒退的情感行爲表現又會回歸常態，甚至朝前發展。從睡眠科學的角度而言，學步期孩子的夜間深層睡眠會變少，淺層睡眠會增多，部分原因是因爲他們需要透過淺層睡眠階段去複習與整合許多白天所吸收的資訊，一些孩子在這個階段半夜醒來時甚至會迷迷糊糊地繼續繞著小床練習走路——還眞是辛苦啊！

第四，養育者需要看到的是——尤其對於學步期的孩子來說——絕對的滿足與寵愛並不是安全感的全部來源。對這個階段的孩子來說，當他們無法控制自己的時候，如果養育者能給予堅定的界限，清楚說「不」，也會帶來安全感。有些時候我會給爸爸媽媽舉個例子：當你身處廣袤無垠的太空中時，其實你會感覺非常不安全。儘管它看上去空間很大，無邊無際，似乎很自由，但是每當我們看那些科幻太

---

❻詳見第三章「從原生家庭中，找到破解壞情緒密碼的力量」。

空片時，只有當太空人重新回到太空艙，觀眾才會感覺鬆一口氣——太空艙就如同心理世界中的「界限」。除了在必要時說「不」之外，建立界限也包括給予孩子穩定的規律感和可預測感，比如每天的睡前儀式是相對固定的、週末會有雷打不動的家庭活動等等，孩子感覺自己能夠知道接下來會發生什麼，這也是一種重要的安全感。缺乏界限感與可預測感的孩子會生活在不確定中，而長期的不確定性會使他們更加焦躁不安。

第五，面對學步期的孩子，養育者也可以去思考與體驗管教中的「克制」，把「不」留給眞正重要的事情。

每當孩子出現壞情緒時，如果養育者像消防隊員一樣立刻想把它們撲滅，那麼孩子就會缺乏體會如何自我調節情緒的經驗。如果一個孩子對於情緒的調節總需要依賴父母幫他轉移注意力或者獲得滿足來實現的話，他們就沒有機會去探索與內化自我安撫情緒的方式。比如當孩子走路時摔倒了，他可能因爲挫敗沮喪而大哭起來。我們有些時候可以把他抱起來安撫一下，有些時候也可以嘗試放手，告訴孩子：「來，媽媽知道你可能有點摔疼了，但要不要自己試著站起來再走一走呀？」如果孩子能夠自己度過這個挫折時刻的話，他也會從中獲得很多成就感。一個孩子的健康自信與自尊既來自於養育者的愛與關懷，也來自於自我調節功能的發展程度——「我有能力應對困難與挑戰嗎？」

有一些養育者會對孩子的很多生活細節說「不」，比如鞋子排得是否整齊，吃飯是否能吃乾淨。對一個學步期的孩子來說，有許多「不」其實是無關緊要、甚至是做不到的，但當養育者說了太多「不」時，「不」的價值在孩子心裡就降低了。一個孩子越是能得到許多滿足與自由，就越能夠在養育者真的說「不」的時候把「不」當作一回事。

第六，無論在孩子的哪個生命階段，養育者都需要幫助他去發展多樣化的安撫方式。

對於學步期的孩子來說，他們可能依舊需要透過吮吸拇指、抱著自己喜歡的小玩具、或者來自養育者的擁抱來讓自己安定下來。我們可以進行這方面的探索，並且試著用語言向孩子陳述他們的內心體驗。即使孩子還沒有語言能力去進行清晰的情感表達，養育者的言語回饋就是極好的範例，讓孩子體驗與學習語言表達本身的力量❼。

在孩子平靜下來時可以指出他具備自我調節情緒的能力，這是令人爲他驕傲的（無論這是因爲養育者的努力還是孩子的努力）。這樣的鼓勵會讓孩子看到自己的能量所在，從而在應對自身壞情緒的道路上走得越來越堅實，就像學會走路一樣。

如廁的壞情緒，核心問題在於「我的身體誰說了算？」

脫去尿布，學會在廁所自主如廁，看似是成長道路上的一件小事，但對孩子來說其實是件大事。無論是在學習如廁的階段，還是在學會如廁以後，孩子都有可能會經歷一些與如廁有關的壞情緒。

與如廁有關的壞情緒經常與挫敗感連結在一起。比如當孩子感覺自己沒能滿足父母的期待在馬桶裡完成排泄時，或者當他發現自己晚上會尿床，還是需要尿布時，都可能會感覺到包括沮喪、羞恥在內的壞情緒，而這些壞情緒背後的核心議題就是「我的身體誰說了算？」其實養育者可以嘗試做不少事情，來把與如廁有關的那些壞情緒轉化爲孩子的成長契機。

首先，大多數與如廁有關的壞情緒都與孩子還沒準備好脫去尿布有關。早在二○一三年我就在上海開始進行如廁訓練與心理發展的科普：大部分的孩子需要到兩歲半左右才做好準備脫去尿布，這比我們文化傳統中認爲能脫去尿布的時間晚很多。

可能有些養育者會好奇：爲什麼是兩歲半左右呢？其實孩子進行如廁訓練前需要集齊七大訊號，這七大訊號需要同時滿足，而不僅僅是滿足其中一條，它們分別是：

第一，孩子對走路和用腳已經沒有像之前那麼興奮。學會如廁需要孩子能夠在

---

❼參見第二章「培養孩子把情感『言語化』的能力」。

馬桶上待一段時間，當一個學步期的孩子總是興奮地走來走去時，他是沒有能力待在一個地方很久的。

第二，孩子已經掌握了一些接收性語言。接收性語言是指孩子能理解周圍人言語的意圖，而對一個心智上準備好接受如廁訓練的孩子而言，需要至少能執行養育者言語中的兩、三個連續指令。比如可以對孩子說：「請你把這雙鞋拿進房間，然後再幫我拿一雙拖鞋出來。」如果孩子可以非常順利地執行，說明他在掌握接收性語言方面已經具備基礎了，這使孩子在如廁的過程中能夠聽懂父母的一些指令，比如：「脫下褲子，坐到馬桶上。」

第三，孩子需要有能力說「不」。之所以要強調這一點，是因為如廁在有些時候並不是孩子自己的需求，如果孩子沒有能力說「不」的話，他就只能非常被動地被父母牽制。在這種情況下，即使如廁訓練取得了進展，孩子還是會出現壞情緒，因為那會讓孩子感覺「我的身體並不是自己說了算」，他們可能會以尿床、拒絕使用馬桶之類的方式來抗議並未準備好的如廁訓練。

第四，孩子需要開始有歸位的習慣。比如東西玩完了知道要放回某個地方，明白有些東西專屬於房間的某個角落。有歸位的意識，意味著孩子會意識到自己的排泄物是歸於馬桶的。

第五，孩子開始有一些模仿的行爲，尤其是模仿養育者的行爲。如廁是對於成年世界的認同，是孩子人生第一次開始學習社會規則，而學習社會規則的前提是他發自內心願意去模仿成年世界的一部分。

第六，孩子需要有相對規律的大小便時間。比如有些養育者觀察到孩子在早上和晚上各會大便一次，在喝完很多水之後，兩個小時左右有一次小便。這樣相對規律的大小便時間有助於大人提醒孩子上廁所，提高如廁訓練的成功率與自我效能感。

第七，孩子需要對自己的身體有所覺知，能夠意識到「我的身體在排泄，是大便還是小便」。如廁訓練的本質是幫助孩子發展出能適應社會的自我調節功能，來控制身體在合適的時機排泄，而做到這一點的前提是對自身身體功能的充分覺知。

如果孩子同時呈現出上述這七種特徵的話，說明他已經準備好進行如廁訓練了。而有經驗的養育者會意識到，要集齊這七大訊號並不是那麼容易，一般都要到孩子兩歲半左右。

但即使集齊了這七大訊號，也未必意味著如廁訓練一定會成功。有些孩子會用另一些方式告訴爸爸媽媽：我其實還沒有準備好。比如有的孩子會站在便盆旁，然後排泄在地上；有的孩子會在爸爸媽媽換尿布的時候喊叫反抗；有的會在尿布被脫掉以後，依舊把大便排泄在地上；有的在尿布裡大便之後依舊到處走，一屁股坐在已經髒了的尿布裡，臉上非但沒有不舒服，反而看上去很高興；有的在大便時會躲在角落或櫃子裡並發出用力的聲音；還有一些小朋友在大人問他是否需要上廁所時會接連說「沒有」或「不要」；或者一些孩子在任何情況下都是抗拒使用馬桶或廁所的。當孩子出現這些訊號的時候，都是在清楚地告訴養育者：請別急著給我進行如廁訓練。如果養育者沒有接收到這些訊號的話，孩子的壞情緒可能很快就會爆發，呈現出憤怒的狀態。

排泄就和吃飯一樣是一個人基本的權利。如果孩子感覺養育者在這方面干涉過多，他可能會以各種各樣的方式反抗養育者，告訴養育者「這是我自己的事情」。在應對相關的壞情緒時，養育者首先需要向孩子道歉，表示自己不應過度干涉他在這件事情上的自由，並且告訴孩子等他準備好的時候，我們可以重新進行這個過程。

當孩子的如廁訓練出現波折時，很多養育者會擔心：如果自己對孩子過於放縱，是否會導致他這輩子都沒有辦法擺脫尿布？我所觀察到的是，當養育者能夠把如廁的自主權完全交給孩子時，幾乎不需要怎麼訓練，孩子就可以在兩歲半到三歲左右經歷一個自然脫去尿布的過程。而在這個過程當中，孩子很少會出現壞情緒。

即使當孩子學會如廁之後，他依舊可能會在一些情況下出現尿床的情形。比如在外界壓力下（例如家中添了弟弟或妹妹、外出旅行等等），孩子可能會經由尿床這樣的退行來使自己像個小寶寶似的，以獲得更多能量去面對外界壓力。當養育者發現孩子尿床的時候，需要避免把尿床的事情和任何人進行討論，除非得到了孩子的允許，更不要因爲尿床而去懲罰孩子或者羞辱詆毀他。在任何情況下，都要避免公開討論孩子尿床的事情。我們要牢牢記住的是，如廁是一件非常隱私的事情，如果孩子的隱私不能得到尊重，他可能會非常生氣。

當孩子在如廁方面出現一些反覆不定的狀況時，可以告訴孩子這都是暫時的，任何時候只要他有需要，都可以重新穿回尿布。而當他準備好的時候，也可以隨時脫去尿布，這些都是非常自由的事情。

在歐美的一些超市中，會販賣給五、六歲孩子使用的尿布。在他們的文化中，能夠接受孩子晚一點擺脫尿布。相較而言，在我們的文化裡會認爲尿布脫得越早，孩子就越是懂事聰慧。也許我們需要保持對這些不同文化預期的觀察與思考，同時結合自家孩子的發展特點去尋找到無壓力的如廁訓練之道，這樣才能消解孩子與如廁有關的種種壞情緒。

見到陌生人，千萬別強迫孩子問好

不少小嬰兒到了三、四個月大的時候，哪怕看到陌生人也總是笑嘻嘻的，養育者會很高興，感覺自己生養了一個情商很高的寶寶。但等到寶寶長到六個月左右的時候，突然就開始對陌生人流露出非常警覺的情緒，甚至會在第一次見到陌生人時無來由地大哭。

一些養育者可能會很擔心自己是不是在教養孩子的過程中有什麼地方做錯了，以至於傷害了孩子的安全感，因而看到陌生人就抗拒排斥。其實在面對陌生人時感到焦慮是每個孩子成長必經的過程，因為那表示寶寶大腦中稱為「杏仁核」的部位開始生長了。

杏仁核究竟是什麼呢？

這要從遠古時代說起。當人類生存在一個危機四伏的世界時，大腦逐漸發展出一種叫作「恐懼」的情感功能，這種情感功能就是由大腦中的杏仁核發起的。想像一下，如果人類沒有杏仁核，可能就沒辦法有意識地遠離危險，比如火、水、天敵等等。

而在現代社會中，杏仁核會警示我們對一些陌生的事物保持警惕，這是非常有必要的。因爲我們幾乎難以想像一個孩子如果什麼都不害怕，那會是一種怎樣的狀態，周圍人會擔心孩子是否能遠離潛在的危險。有句俗語說「無知者無畏」。某種程度上當孩子開始害怕一些東西的時候，也意味著他的認知能力有了新的發展——他開始知道有的東西對自己可能是有威脅的，而有的東西是可以放心接近的。

因此，一個小嬰兒開始有與陌生人有關的壞情緒，恰恰說明他開始變聰明了。對陌生人的焦慮、甚至恐懼不僅是小嬰兒大腦發育的象徵，也是小嬰兒和周圍照顧者關係的指標。我曾在工作中遇到過從小在暴力環境中長大的兩、三歲孩子，他們在遇到陌生人時似乎不會懷有警惕之心，而是會用近乎討好的姿態跟所有陌生人建立起順從的關係。這樣的孩子從心理發展角度來看反而是令人擔心的，我會思考：對這個孩子來說，世界上有沒有一個或多個最令他信賴的人？他在遇到壓力情境時，是否有能力說「不」和保護自己？

接觸陌生人時的狀態和每個孩子的先天氣質也有一定的關聯。有些孩子天性比較敏感，喜歡用觀察的方式進行學習。我們會觀察到一些孩子在去托嬰中心，甚至進入幼稚園、小學的時候會相對慢熟一些。他們可能更喜歡站在旁邊先觀察一會兒，而不是馬上參與各種活動。

養育者見到這樣的情形也許會感覺到焦慮，甚至硬逼著孩子一定要參與，孩子可能相應地會非常煩躁，甚至大哭起來——孩子的人際互動節奏被干涉和打破了，這些淚水背後往往是一些不知所措的感覺。雖然一些孩子在當下未必會參與到陌生環境中去和陌生人進行互動，但有時養育者會在事後發現，孩子可以非常精準地描述或回饋出當下所經歷的人和事。比如孩子可能會告訴你，今天遇到的阿姨戴了一副紅色的眼鏡，今天教的歌是怎麼唱的，那段舞是怎麼跳的。表面上看孩子並沒有參與互動，但他們是在用大人們意想不到的方式進行吸收與學習。基於先天氣質、後天養育與社會文化，每個孩子都會形成獨一無二的人際互動方式與節奏。

雖說「陌生人焦慮」的存在合理且必要，但當對於新人、新環境的焦慮喚起了孩子難以消化的壞情緒進而影響發展時，養育者也可以透過一些方式去支持和幫助孩子應對那些刺激與壓力。

無論養育者有多麼高超的方法可以用來緩解孩子與陌生人有關的壞情緒，接納每個孩子的差異性都是首要的。當孩子經歷各種壞情緒時，來自養育者的理解與接納本身能在很大程度上緩解焦慮感。如果逼迫孩子一定要以養育者覺得理想的方式去接觸陌生人或環境，孩子就會變得更加焦慮，會擔心「如果我不這樣做的話，爸爸媽媽可能會不喜歡我」。在雙重焦慮之下，孩子的情緒可能會變得越發糟糕。

在一個新環境中，我們可以帶著溫和的好奇去幫助孩子描述周圍正在發生什麼。無論孩子是否已經具有語言能力，這種用語言描述周圍所發生事物的過程，對他而言就是感覺「大人能感知到我所感知到的世界」的過程。這些語言本身也是一種極好的示範，讓孩子有動力用更豐富的方式去表達內心情感。而一個擅長用語言進行表達的孩子，本身就有了一塊應對壞情緒的緩衝墊，讓他在經歷壓力時可以避免做出一些不合適的行為❽。

養育者在新環境下的情緒反應，也會對孩子當下的情緒體驗產生影響。有時候因爲過度擔心孩子對於陌生人或陌生環境的壞情緒，養育者自己會提前變得焦慮。比如當帶著孩子進入一個陌生環境時，養育者內心可能會想：「今天寶寶會不會又不給人好臉色看？寶寶會不會又被看成是不大方、沒禮貌的孩子？」養育者忐忑的心情會以潛移默化的形式讓孩子在壓力中雪上加霜。

有個著名的心理學實驗叫作「視覺懸崖」（visual cliff）實驗：嬰兒在一個平面上爬行，直到前面出現了一個懸崖，而懸崖上其實蓋著一塊透明的玻璃板，孩子是可以非常安全地爬過去的，實驗人員讓孩子的媽媽站在玻璃板的另一頭。當媽媽露出很高興、輕鬆、鼓勵的神情時，孩子會大膽順利地爬過去；而當媽媽流露出害怕、排斥、擔心的表情時，孩子就會停止朝前爬的探索。帶著孩子進入新環境時，每個養育者就像是視覺懸崖實驗中站在玻璃板那頭的媽媽，其各種情感反應會讓孩

❽詳見第二章「培養孩子把情感『言語化』的能力」。

子做出截然不同的決定。

養育者也可以對孩子做一些示範。比如當孩子不願意向陌生人打招呼的時候，其實無須強迫孩子，但可以代替孩子說「叔叔好」「這位是某某某阿姨，我們來說阿姨好」。這樣的方式既不會失了禮數，當孩子看到養育者的示範時，也會把這些互動方式都留存在腦海裡，直到未來準備好的時候，他會以自己的方式重新表達出來。

循序漸進也經常是有效的。比如當孩子經過公園的遊戲場，猶豫著是不是要進去玩的時候，養育者可以詢問孩子是否需要大人陪著進去看一看。養育者可以在陪伴的過程中向孩子描述周圍在發生什麼，觀察和鼓勵孩子在可承受的壓力範圍內去做一些新的嘗試。養育者可以循序漸進地把空間和時間留給孩子去進行探索。

在和一些年紀較小的孩子開展兒童心理諮商工作時，他們有時對於和我這樣一個陌生人共處一室非常不安，在這些時候我會允許他們用自己的節奏來適應新環境，包括如果孩子對於關門非常緊張的話，我會詢問他們是否要把門虛掩著，也可以由他們決定要將門縫開多大。隨著孩子逐漸放鬆下來，我也會慢慢把門關上。當孩子感受到身為大人的我對他們人際互動節奏的尊重時，會感覺更放鬆與安全。我也不會在第一時間太過主動地邀請孩子互動，而是會觀察他們的行為舉止，讓他們發揮更多主動權來接近我或者玩一些遊戲，而不是要求他們以某種形式與我建立關係。如果我作為一個成年人在場域中的狀態是放鬆平和的，那些孩子往往會很快開始以各種形式與我互動。也許破解與陌生人有關的壞情緒，真正的祕密就是「尊重」二字。

公共場合大哭大鬧，七步驟幫助孩子恢復平靜

寶貝在公共場所大哭大鬧怎麼辦？大部分養育者都經歷過這樣令人尷尬與心急火燎的時候。孩子可能在超市收銀台前突然大哭起來，撒潑打滾，不肯離開，或者當自己的一些願望不能得到滿足時，不分場合就哭鬧起來。不瞭解的人以為孩子沒有被好好對待，或者會苛責養育者「怎麼不管一下」。但大人們有時會感覺用盡了

各種辦法，孩子還是在大聲哭鬧，甚至有時使用的處理方法會火上澆油加劇孩子的哭鬧，陷入惡性循環當中。

很少有父母能穩定而平靜地面對孩子在公共場合的壞情緒，不過還是有一些辦法可以支持孩子透過自我調節和共同調節來逐漸恢復平靜。

第一步是幫助孩子隔離掉當下過多的刺激。

本書第二章中曾提到，自我調節功能對孩子調節壞情緒而言至關重要。自我調節功能的發展需要好多年，循序漸進，而年幼的孩子需要周圍人的幫助才能發展出健康的自我調節功能。比如當孩子在公共場合經歷壞情緒時，隔離掉周圍過多的刺激是非常有幫助的方式，包括把孩子帶去一個比較安靜的地方，幫助他過濾掉過多聽覺、視覺、嗅覺、觸覺等方面的資訊。這些安靜的地方可能是商場或超市的一個角落或門口的花園，也許是飯店裡一個沒人的小包廂，或者是安靜乾淨的消防通道等等。很多養育者自己也有切身的體會：當我們情緒煩躁時，身處人很多、聲音很嘈雜的地方，無助於我們平復自己的壞情緒。孩子也是如此。

第二步是讓孩子知道「大人能感知到我在經歷什麼」。

尤其對於還不太會說話的小寶寶來說，其實在公共場合哭鬧也會令他們自己感覺難以忍受，就算想停下來也不知道怎麼做，經常不知道自己到底爲什麼會如此不高興。這些時候如果他們能知道「我的不開心，大人是知道的」，就會安定一些。爲了讓孩子瞭解我們對於他壞情緒的感知，大人既可以透過一些非言語的方式，比如給孩子一個擁抱，或者幫孩子擦去眼淚之類的動作來表達對孩子的關愛，也可以經由一些言語化的方式來幫助孩子消解那一刻的壞情緒，其中「爲情緒命名」對不少孩子來說是有用的。

爲情緒命名可幫助孩子在經歷壞情緒時建構起對糟糕情緒本身的認知，知道原來心裡那一團非常難受的感覺叫作「生氣」，也可能是「悲傷」，抑或是「害怕」，或者是「委屈」。當父母能描述出這些情感時，孩子會感覺自己並非獨自在經歷這些壞情緒。當他們年紀稍大一些，有更好的語言表達能力去表達情感時，他們也會開始慢慢嘗試用語言表達替代大哭大鬧。

想像一下，當成年人自己經歷各種各樣的壞情緒時，需要的往往不是一個現成而具體的解決方案，而是有人對你說：「你看起來很難過，我可以為你做些什麼嗎？」即使是這樣的一種「看見」，對於我們經歷壞情緒的當下都是非常具有支持性的。

一些養育者可能會問：「怎麼知道孩子那一刻到底是在經歷怎樣的一種感覺呢？」這的確是一個和養育者自身情緒覺察功能有關的問題。面對孩子在公共場所的壞情緒時，養育者自己也會有各種各樣的感覺——可能是覺得很憤怒：孩子怎麼那麼不給我面子？有些時候會覺得很尷尬：那麼多人在看著！有些時候會覺得很失落：孩子是不是跟我不親，怎麼我說什麼都沒用？甚至有些時候也會覺得很內疚：我是不是在教養方式上做錯了什麼？

我們經常說母子／母女連心，這種感覺就是當孩子經歷壞情緒時，父母心裡那種非常強烈的感受也往往是孩子正在經歷的，這種心理機制叫作「投射性認同」❾，經常發生在兩個很親密的人之間。

如果你感受到了憤怒，也許這說明孩子當下也很憤怒，覺得「爸爸媽媽爲什麼不來滿足我？」如果你感受到了尷尬，也許這說明孩子當下也很尷尬，覺得「爲什麼我不能在那麼多人面前控制住自己？」如果你感受到了失落，也許這說明孩子當下也很失落，覺得「大人們對弟弟妹妹比對我好」。如果你感受到了內疚，也許這說明孩子當下也很內疚，「儘管知道爸爸媽媽已經很努力了，但總覺得我自己還不夠好。」

當孩子聽到我們「看見」了他們的情緒時，經常瞬間就會平靜一些，有的是哭聲會變小一些，有的是會主動抱抱大人，有的會說自己的確很難過，這樣一個被看見的過程對孩子來說眞的很重要。

第三步是給予孩子信心。

在孩子哭鬧時可以試著告訴孩子：「我知道你已經很努力想讓自己安靜下來，

❾詳見第二章「讀懂孩子情緒的弦外之音，做善於傾聽的父母」。

有時候我們的確沒辦法很快停下來，但等你長大些就會感覺好一點的。」這樣的表達看似並不會馬上讓孩子安靜下來，可是他會從中感知到來自成年人的支持、接納與希望。這樣的情感支持能幫助孩子動用健康的自我調節功能，試著去平復自己的壞情緒。

第四步是尊重孩子在經歷壞情緒時的身體需求與界限。

一些家長會問我，孩子哭鬧的時候到底是要抱抱孩子，還是讓孩子自己哭一會兒再去安慰。一些養育者會從育兒書中看到「隔離冷靜法」之類的操作，但經常發現這樣的方法對孩子未必管用，而從心理健康的角度出發，我也不贊成養育者在孩子有壞情緒時刻意冷落他們。

其實每個孩子在經歷壞情緒時會有截然不同的身體需求與界限。有的孩子非常需要在有壞情緒的時候被養育者抱一抱，而有的孩子則完全拒絕和養育者在那一刻進行身體的觸碰，彷彿身體上的觸感會令他們壓力更大。觀察與尊重孩子在那一刻的需求是重要的：無論是需要抱一抱，還是需要自己待一會兒，這都是孩子爲調節自己的壞情緒而表達的需求。當養育者心懷善意與溫暖，而非控制與懲罰，去幫助、安慰一個孩子時，孩子也會更加平靜地接受來自養育者的幫助。反之則不管養育者嘴上說得再怎麼好聽，孩子也不會配合去調節自己的壞情緒——即使他眞的安靜下來，也經常是出於對養育者的恐懼，而不是讓自己的情緒調節功能又得到了一次積極的操練機會。

第五步是耐心等待。

曾有研究者發現，一個兩歲左右、語言能力還不發達的孩子，在養育者提供的支持足夠理想的情況下，也經常會需要二十至四十分鐘才能從非常激烈的哭鬧狀態中慢慢安靜下來。面對孩子的哭鬧，這樣的等待時間其實會讓人感覺非常漫長而焦慮。當然，如果一個孩子能夠長期得到父母比較好的情感回應與支持，發展出更爲熟練、多元的自我調節方式，那麼四十分鐘會慢慢變成二十分鐘、十分鐘、五分鐘。在我自己的觀察中，孩子到了五、六歲時，如果情感及語言功能發展得不錯，絕大多數都可以在十分鐘之內調節和平復強烈的壞情緒。但這是需要時間的，並且有時候因為外界壓力的變化，即使年紀較大的孩子也可能會和小寶寶一樣哭鬧很長一段時間，這都是正常的，畢竟孩子並不是嚴絲合縫的機器。

一些養育者會用轉移注意力的方式來縮短孩子哭鬧的時間，讓孩子迅速安靜下來。這在短期內的確經常是有效的，但也意味著孩子必須依賴外界的人提供轉移注意力的選項才能平靜下來，而他並沒有發展出自身的調節功能。養育者可以適度使用轉移注意力的方式來安撫孩子的壞情緒，但也要有覺知地抓住一些合適的契機，幫助孩子發展各種形式的自我調節功能。

第六步是和孩子再次連結。

當孩子能夠依靠自我調節功能安靜下來的時候，養育者可以透過擁抱或其他的表達方式來給予孩子認可。當孩子感覺自己的努力能被養育者看見並認可的時候，就會有更多動力在以後產生壞情緒時嘗試使用自我調節功能（比如用語言表達那些讓人難受的情感）來讓自己平靜下來。同時，即使寶寶自身的調節功能需要時間慢慢發展，養育者也能把自己的情緒調節功能「借」給孩子，發展共同調節機制。

想像一下當我們很焦躁的時候，如果身旁恰好有一個平和溫柔的人，我們是不是也會瞬間感覺好一些？這就是人際關係中的共同調節。

最後一步是回顧與展望。

在大家心情都比較放鬆的時刻，比如一天結束的時候，養育者可以陪著孩子去回顧：白天在情緒崩潰的過程中到底發生了什麼？那一刻，孩子做了哪些努力來讓自己感覺好一些？爸爸媽媽也可以和語言能力比較強的大孩子討論：如果下一次出現這種情況的話，你希望爸爸媽媽能夠怎樣幫你？這句話的潛臺詞是：「你已經慢慢長大了，你有能力爲自己的情緒負責，而我們會在這裡幫助和支持你。」孩子最終會在愛與關懷的支持下，發展出健康的情緒自我調節功能。

能夠學習並活用這七步驟的養育者會逐漸發現，寶貝在公共場所大哭大鬧的情況會越來越少，並且會在此基礎上發展出更成熟的語言功能。

生病的壞情緒，其實是因為失控感

稍有經驗的養育者都知道，孩子與生病有關的壞情緒其實是很明顯的，無論是生病前的煩躁期，還是病中的難受，或是病癒後讓人感覺難伺候的那段時間，除了觀察和照護孩子在這個過程中的生理健康狀況之外，心理健康狀況似乎也令人感覺棘手。

孩子生病有時候會激發父母的內疚與匱乏感，彷彿是因爲自己照顧不周才導致孩子生病，或者感覺自己的孩子體質不如人等等。其實在每個孩子的成長過程中，有些小毛病是很自然的。雖然沒有人喜歡生病，但生病的過程有時的確能幫助孩子提升免疫力，並且在心理層面上體驗被保護、被照顧、被關心的感覺。想想你自己小時候圍繞著生病有哪些原初的記憶呢？

照顧一個生病的孩子對養育者來說也是個辛苦的過程，一方面要擔憂病症本身，一方面要付出大量的精神、體力與時間。如果孩子在這個過程中不可避免地出現壞情緒，經常會令養育者感覺難以承受，甚至感覺孩子故意在找麻煩。也許在思考怎麼做之前，可以先用兩分鐘時間設身處地想想生病的過程對一個孩子而言究竟意味著什麼。

首先，跟生病有關的不少壞情緒與身體層面的失控感有關。生病時無論能得到多麼好的治療，身體的不適或疼痛是難免的，無論大人還是孩子都會在這個過程中體驗到「我的身體不由自己說了算」的失控感。生完病之後有一段時間胃口不好、精神不佳，都是很正常的事情。如果在那些階段，我們爲了孩子的營養好，硬逼著他吃下一大堆他根本吃不下的東西，孩子可能就會繼續體驗那種「我的身體不由自己說了算」的無奈或憤怒。

其次，在另一些情況下，生病對一些孩子來說會喚起「被懲罰」的體驗——有的孩子會認爲生病是因爲自己不乖而受到的懲罰。這樣的心態往往和周圍養育者的一些習慣性表達有關。比如有的大人會說「誰叫你昨天沒有穿那件衣服的」，或者「你再怎樣怎樣就要生病了」。當養育者這樣說的時候，本意是在保護或心疼孩子，但是在孩子聽來，如果哪天生病了，那一定是自己做得不對或不好造成的，因而會感到內疚。

事實上，生病這件事是有很大隨機性的，比如有些人在冬天穿短袖一點事都沒有，有的人即使很注意保暖也會感冒。養育者的不當表達更像是在提供某種心理暗示：如果你不乖，你就會生病。這種預設情境會令孩子感到壓力很大。

第三，孩子圍繞生病而起的壞情緒中經常包含各種各樣的害怕和擔心，比如害怕吃藥、打針，甚至是死亡。這些生理層面對不確定感的焦慮是自然且能夠被理解的。如果一個孩子需要經歷打針、抽血，那麼養育者用眞誠的方式提前告知孩子這個過程會發生什麼、何時會感到疼痛、感覺痛時孩子能做些什麼、周圍人會做些什麼，這些資訊都能讓孩子感覺安心一點。

在另外一些情況下，孩子可能在生病的時候因爲所有人都圍著自己轉而產生內疚的感覺。如果在家養病很多天，孩子可能會覺得有點無聊。在這些心態的驅使下，孩子也可能會呈現出各種各樣的壞情緒。

更少見的一種情況是，有的孩子會透過生病來獲得養育者更多的關注。在一些平日缺乏照料關心的家庭中，孩子會意識到只要自己身體不舒服，就能得到想要的關心。有的孩子甚至會透過「裝病」來讓周圍人看見自己。這種「裝病」，在心理學上的術語是「心身症」，那些疼痛與不適是真實存在而非虛構出來的，比如不明原因的頭痛、胃痛、甚至情境型發燒，都可能和孩子的精神壓力有關。

在面對孩子因生病而起的壞情緒時，養育者究竟該做些什麼呢？

無論面對孩子的哪種壞情緒，我們始終強調回饋孩子當下感受的重要性。比如你可以問孩子：「你是不是覺得這裡很痛？」「你是不是覺得頭很脹？」「是不是這裡不太舒服？」當養育者能夠把孩子的這些不舒服逐一在身體上標記並回饋出來時，孩子會得到一種確定的安全感，會知道「我的不舒服是能被周圍人看見的」。

對兩歲以上的孩子，也可以用簡單的語言和孩子分析討論生病的原因，避免讓孩子感覺生病是對自己的懲罰。比如我們可以告訴孩子：「每年冬天都有很多小朋友容易生病，休息幾天就會好了。」而不要苛責孩子衣服穿太少了之類的。我們也可以清楚告知孩子關於康復的方案，比如當吃了一些藥的時候人會有怎樣的感覺，醫生會用哪些檢查來幫助孩子，病程中可能會有哪些疼痛與不舒服。當孩子能夠以他能理解的方式知曉與生病有關的資訊時，就會恢復一些可控感。

「可控感」是應對孩子與生病相關的壞情緒的關鍵字。孩子生病期間，在一些微不足道的小事上，比如「今天你是想吃稀飯還是吃麵」這樣的事情，要讓孩子有權去做決定。而在孩子身體徹底康復後，規律的、可預測的作息與日間安排會幫助他們恢復對自身及周圍環境的可控感。

難哄睡、醒得早、夜醒頻繁，如何讓孩子睡個好覺？

多年前當我自己還是個新手媽媽時，某天晚上偷閒出門和朋友聚會，本想著晚上八點到家，但興致一高到了九點都還在餐廳裡，僥倖想著反正平時在家照顧孩子的人除了我自己之外，還有先生以及保母，白天他們都可以哄孩子睡覺，偶爾晚上哄一次應該沒問題。

事實證明我太樂觀了。聽家裡人說，作息一向很規律，到了八點就要揉眼睛進入睡眠狀態的孩子，那晚一反常態：一開始是瞪大了眼睛四處張望，完全感覺不到倦意；等到了九點左右更是開始嚎哭起來，餵奶、換尿布、抱著哄，什麼方法都試了，寶寶就是哭個不停，拒絕睡覺。

壓力重重之際，先生下意識抱起剛滿兩個月的孩子，開始跟寶寶說話：「寶寶是不是想媽媽了？媽媽平時這個時候都在，但今天還沒回家，媽媽在和朋友們聚餐，她也一定很想寶寶。媽媽再過一個小時就回家了，寶寶放心，媽媽會回來的。」據先生表示，他說這些話的時候只是想安撫一下孩子，並沒有期待有什麼神奇的效果發生，那一刻他以為寶寶無論如何都要等到我回家才肯睡覺。但事實是，當他說完這些話時，寶寶的哭聲立刻變小了，從嚎哭變成了抽泣，又過了五分鐘，居然在他的抱哄晃動中睡著了。

每次與養育者們談論孩子與睡眠有關的壞情緒時，我都會講述上面這個故事。對大部分的孩子而言，在他們六歲以前，睡眠至少占據了每天生活50%的時間。

當在這50％的時間中出現形形色色的壞情緒時，對養育者來說會是極大的壓力。這些壞情緒的表現形式包括但不限於：入睡困難、夜醒頻繁且難以再次哄睡、醒得過早且難以再睡回去、起床氣、睡前鬧情緒等等。

也許因為睡眠既關係到孩子本身的身心發展，又關係到整個家庭與養育者的幸福感與身心健康，關於如何讓孩子睡個好覺的育兒書一直都很暢銷，市面上有形形色色的書籍教大家如何幫助孩子睡個好覺。每當有養育者詢問某某睡眠訓練法是否有用時，我都不會輕易表態，畢竟每個家庭、每個孩子的狀況都不太一樣，怎麼可能有一體適用的方案呢？我會做的是讓養育者想像一下自己作為一個孩子經歷睡眠相關壞情緒的體驗，想像一下在那樣的情境下，周圍人說什麼、做什麼會比較有用。很多養育者會在這樣的思考與討論之後形成自己的答案與做法。

對於那些主張讓孩子哭個夠的睡眠訓練法，我個人是反對的。從精神分析發展心理學的角度來看，如果一個人從人之初開始就連「睡眠自由」都沒有，因為經常被置於無人回應的絕望情境而隔離對外界的需要（表面上來看就是實現了「自主入睡」），這很可能是在用孩子人格發展層面的代價來換取對養育者而言一時的便利。但我也並不支持養育者完全無視和犧牲自己的需求，只是爲了避免讓孩子經歷與睡眠有關的壞情緒就無止境地抱哄。和白天學走路時孩子難免會經歷自然而然的挫敗感一樣，睡眠也是一個「走向未知」的過程，孩子需要逐步建立起必要的自我調節功能，才能建立起健康、規律的睡眠節律。

當孩子出現與睡眠有關的壞情緒時，養育者可以試著從以下面向去思考該怎麼做。

第一個面向與生理有關。孩子有起床氣或者難以入睡，有沒有可能是一些生理上的不適導致的？有不少養育者會觀察到孩子在生病前或病中、病後會特別難以哄睡，在這種情況下除了多安撫、多抱抱，似乎沒別的靈丹妙藥。而起床氣有時可能意味著孩子夜間的睡眠品質不佳，或者睡眠時間不夠，也有一些孩子可能是因爲低血糖。不同情況的處理方式是不同的，比如一個孩子如果因爲過敏性鼻炎而夜間缺氧，那麼睡眠品質的提升需要和兒科醫生通力合作；而對於容易晨間低血糖的孩子，起床時的一杯柳橙汁或許會有明顯的作用。

第二個面向和孩子的心理狀態有關。與睡眠有關的壞情緒，背後的關鍵字經常是「分離」，因爲睡眠本身是一個「離開今天進入未知」「離開熟悉進入陌生」的過程。如果孩子白天的生活中恰好有一些分離在發生，他們面對睡眠時就會比平時更焦躁一些。比如一些孩子從月子中心回家或者換保母時，睡前會嚴重鬧情緒，有些孩子在養育者出現重大變化時會改變睡眠形態。更有趣的是，一些本來已經能一覺到天亮的孩子經常會在學走路的階段夜醒頻繁，除了學步期大腦淺層活動變多之外，另一個原因在於他們意識到自己可以主動「離開」養育者了，這讓他們對於「分離」有了全新的體驗與焦慮。

即使是生活中並無太多變化的孩子，入睡前也往往是他們一天結束時壓力最大、最需要釋放壓力和被安撫的時候。這就和我們做完了一天的工作想玩一會兒手機、看一會兒書或和家人聊聊天，好讓自己安靜下來的感覺是一樣的。孩子並不像我們可以透過玩手機去緩解自己在白天累積的各種體驗。他們只有借助我們的交流與安撫，才能把那些壞情緒「代謝」掉。

同樣的，當一個孩子夜間因爲各種原因醒來而難以再次入睡時，他們需要的是養育者的理解與支持，而非命令式的訓練，雖然這些工作對於同樣也很需要休息的養育者而言的確是辛苦的❿。

孩子有時也會因爲心智發展而出現與睡眠有關的壞情緒，除了前文提到的學步期的頻繁夜醒之外，很多孩子也會在四歲前後出現一個容易做噩夢夜醒的階段，這和他們的語言發展及攻擊性的發展有關：四、五歲的孩子開始意識到自己心裡面總有一些「壞念頭」。比如當你感覺對一個人不滿意時，甚至會有「我要殺了他」等一些極具攻擊性的念頭。心智發展成熟的人會知道，即使你心裡面再想殺一個人，你並不會眞的去殺他。但四、五歲的孩子由於處於現實與虛幻不分的狀態，可

---

❿ 哄睡的具體做法可參見《讓寶寶睡得好》（*Sleep: The Brazelton Way*）（布列茲頓等著，簡體中文版由嚴藝家譯）（編按：尚無繁體中文版）。

能會很擔心這些邪惡的念頭真的會跑出來傷人。白天他們會拚命地把這些邪惡的念頭壓制在自己的心裡面，但是到了晚上，尤其是進入到睡眠狀態時，這些被壓抑在心裡的東西又會再次浮現並以噩夢的形式出現⓫。對於這樣的孩子，白天幫助他們逐步建立起合理表達和釋放攻擊性的管道（比如更發達的語言表達能力、從事體育與藝術活動等等）是有幫助的。

第三個面向與養育者自己的心理狀態有關。當養育者自己過於疲勞與緊張時，孩子會更容易出現與睡眠有關的壞情緒和困難狀況，彷彿他們很害怕自己進入睡夢中後，養育者就會遭遇不測似的。養育者如果白天要上班，到了晚上又需要陪伴孩子，這的確會有很大的壓力，不少與孩子睡眠有關的壞情緒就產生於這樣的惡性循環。我會建議養育者每晚在孩子睡前給自己至少二十分鐘的「自我照顧」時間，讓自己有小小的時間與空間喘口氣，比如洗個舒服的熱水澡。帶著輕鬆的心情去哄睡孩子，一定會比帶著抱怨、委屈的心情去陪伴孩子要舒服些——對大人和孩子而言都是如此。

另外，每個人在面對孩子與睡眠有關的壞情緒時，也會無意識地表達出自己的童年經驗。如果養育者自己是個小嬰兒時總是被家人忽略，那麼在面對孩子哭鬧時就很可能會想要逃避；如果養育者自己小時候哭鬧時從來沒有被溫柔地對待過，那麼即使自己非常希望給孩子溫柔，可能也會不知道該怎麼做。這樣的覺察對於面對孩子的各種壞情緒是非常重要的，而出路是允許自己體驗一些新的關係，去體驗何爲「溫柔以待」。這種新的關係也許是來自伴侶，也許是來自朋友，也可以來自寵物或影視作品，或是來自諮商心理師。一個養育者越能擁有「壞情緒當下也能體驗、感知到愛」的能力，就越有能量去涵容孩子的壞情緒，而那不僅僅是與睡眠有關的壞情緒。

在觀察、思考孩子與睡眠有關的壞情緒時，最後一環才是與睡眠原理有關的面向。對小寶寶而言，在日復一日的睡眠體驗中建立起合適的「睡眠聯想」，是構建

⓫參見《觸點：如何教養3～6歲的孩子》。

健康睡眠模式的地基。

比如一個小嬰兒可能需要養育者一邊陪著，一邊唱著搖籃曲，一邊拉著手、拍著背才可以入睡。對這個孩子來說，這就是他的睡眠聯想，需要集齊這些要素才可以入睡，有時候夜間醒來或許也需要這些元素才能重新入睡。也許過了一個月，他可以慢慢接受不拉著手，或者只拉五分鐘手；又過了一個月，他可以接受不被拍背了，這就是建立起了新的睡眠聯想。以這種循序漸進的方式，大部分孩子會在一歲半到四歲之間形成基於健康身心發展的獨立自主睡眠模式。

就像生病時，養育者無微不至、溫柔有愛的照護可能是孩子一生的心理養分一樣，一個孩子在睡眠領域得到過的支持與愛，也會一路伴隨他面對人生經歷中的風吹雨打。從養育的角度而言，大人們可以陪伴孩子有溫度地度過那些與睡眠有關的壞情緒，這對孩子的一生是事半功倍的「投資」。

發現孩子觸碰隱私部位，父母該如何引導？

每當養育者們在諮詢孩子行爲發展問題時，若突然壓低聲音、眼神閃躲、面露尷尬，大部分情況下我的直覺都是準確的：他們發現自家寶貝有自慰行爲了！通常我會先告訴父母們，自慰行爲以不同表現形式存在於幾乎每一個嬰幼兒發展的過程中，同時會和父母們探討一下他們自己對於自慰行爲的立場。這樣的討論有時候是令成年人羞恥和尷尬的，但看到這些大人們的壞情緒，也是在爲理解孩子的行爲與情感創造一個開端。

當我們談論嬰幼兒自慰行爲時，首先需要觀察自慰行爲對每個孩子所具有的不同作用。在我的觀察中，大部分父母把孩子玩弄生殖器的行爲等同於狹義上的自慰，也就是指那些「全神貫注體驗生殖器區域快感、喚起興奮和尋求刺激」的行爲過程。然而對相當一部分的孩子來說，觸碰生殖器體驗快感是對身體探索認知的一部分。那些剛會用手抓握的小嬰兒、告別尿布的學步兒、或者對自己的身體好奇且有能力去探索一下的孩子，會意識到觸碰生殖器區域能產生興奮感，小男孩甚至會發現自己能勃起。基於探索目的，孩子會反覆觸碰以體驗和確認這種興奮感的存在，並試圖建立興奮感與身體部位之間的因果關係，父母的過度干涉反而會使他們想要瞭解這種興奮感的渴望與好奇變得更加強烈。當父母發現孩子第一次對生殖部位產生好奇並且試圖透過觸碰來體驗快感時，可以用平靜和帶有敘述性的口吻來描述這部分身體，例如：「這是你的小雞雞，男生都有小雞雞。」中立節制的描述可以幫助孩子確認自己身體某部分器官的存在感，同時又讓他對於從未體驗過的興奮有一種「來源可溯」的確定感。在這些感覺的支持下，對自身身體探索的過程是安全的，而當他們對身體部位的存在感覺非常確定時，也自然而然會停止高頻率的探索過程。

在更廣泛的情況下，自慰更像是爲了紓壓，也就是具有自我安慰的作用。除了用手觸碰生殖區域以外，也經常有孩子將毯子、布偶等夾在生殖區域進行摩擦，或是經由夾緊雙腿來體驗快感，或者利用椅子、桌角等進行刺激。在極少數的情況下，有女童會試圖將手指或物品放入生殖器內部，面部表情有時也會變得恍惚、甚至臉紅喘氣。精神分析師安娜．佛洛伊德（Anna Freud，精神分析學說鼻祖佛洛伊德的女兒）曾經提出一個頗有意思的觀點，她認爲當孩子被阻止吃手行爲後就會逐漸出現自慰行爲。雖然並沒有實證研究去驗證這個觀點，但自慰的部分功能和吃手一樣，是孩子用來進行自我調節以應對外界壓力的方式，這點則是被臨床心理學界所認同的。當我詢問孩子的自慰行爲通常發生在哪些時間點時，大部分父母都會談到「睡覺前」或「特別吵鬧或格外興奮的場合」。當孩子需要和疲勞感共處或需要平衡、甚至隔離外部環境刺激時，自慰行爲就和吃手一樣是在向父母發出訊號：「我承受的外界刺激太多了，我需要安靜一下，我正在調節自己。」

很多父母的疑問是：「難道孩子不會在單獨的房間裡或被窩裡自慰嗎？」當父母提出這樣的問題時，往往會伴隨著各種各樣的感受：困惑、擔憂、恐懼、羞恥……。而在這些感受以外，很多父母也會擔心自慰行爲對孩子是否有害。很多父母童年時也曾有過隱祕的自慰體驗，這種本身自然、正常的行爲有可能因爲種種原因而被籠罩著羞恥感和神祕感，父母也因此會對孩子的自慰行爲感到擔心。自慰和吃手、咬指甲、扯頭髮之類的癖好一樣，本身是一種中性行爲且具有訊號功能，這些行爲的出現很多時候是孩子應對外界壓力進行自我調節所選擇的一種方式（就和很多成年人會選擇抽菸、玩手機之類的方式來紓壓一樣，自慰也是不少成年人選擇用來紓壓的途徑之一）。當孩子的自慰行爲並未達到病理性範疇（後文會提到），理想狀態下父母可以給出的界限是：「自慰是很私密的行爲，在公共場合做是不合適的，但你可以待在自己的房間裡那麼做。」與生殖器相關的事情並不骯髒羞恥，但這是每個人的隱私，當父母因爲各種原因需要觸碰或談論孩子的生殖器時，若能給予知會與徵求同意的過程，也有助於孩子理解這部分是自己的「私有領地」。

面對孩子的自慰行爲，我明確建議父母不要阻撓、禁止或恐嚇。當周圍人對孩子的特殊習慣給予過多關注或反應過度時，這種「提醒」反而會讓孩子的自慰模式持續下去，固化成長期的行爲模式，或者因爲禁忌感而更充滿好奇與衝動去進行實踐。也有的父母會想要透過轉移注意力的方式來制止孩子的自慰行爲，對此我的觀點是中立的，需要思考的是孩子從中究竟體驗到了什麼：是對某個行爲的百般禁忌，還是對發展更多安撫方式的理解和支持？如果觀察到孩子的自慰現象非常頻繁，或者父母實在無法接受嬰幼兒偶爾自慰一下，那麼通常可以思考以下兩個問題：如何減少孩子周圍過多的壓力與刺激？如何幫助孩子發展出新的自我安撫方式來逐漸替代自慰？有些父母觀察到老大會在老二誕生之後出現自慰行爲，在理解了自慰行爲本身的功能與意義之後，老大所承受的內心壓力與他爲應對壓力所付出的努力會眞正被父母看見。

那麼對於嬰幼兒自慰，養育者完全不需要放在心上嗎？也不盡然。當觀察到孩子的自慰頻率過高或因爲有自慰需求而回避參加活動和人際交流時，父母仍需對此行爲格外關注。一些極少數但需要確認的情況是：

- 孩子是否有泌尿道感染的可能？女孩是否可能有陰道炎？是否有任何生理原因導致了自慰？

- 孩子是否對周遭事物過於敏感或患有某種形式的自閉症？
- 如果自慰以外還伴隨著對成人性行爲的模仿，則需要考慮孩子是否無意中目睹過成年人的性行爲、甚至被性侵犯過？
- 孩子是否在體驗某種持續性的過大壓力？

如果需要確認以上問題，可以向兒科醫生或嬰幼兒心理評估干預專業人士尋求協助與支持。

類似於自慰這樣的行爲往往是由普通的探索開始，也經常是孩子在面對現實壓力時打開的「減壓閥門」。如果父母對此反應過度或沒能看見孩子所面臨的壞情緒，偶爾爲之的行爲就可能演變成一個令人頭疼的問題，自慰、吃手等習慣皆是如此。

除了偏見之外，很多時候父母們難以想像與接受的現實是：嬰幼兒心理世界的豐富程度並不亞於成人，甚至在某種程度上他們所能體驗到的感覺可能是更加豐富和直接的，其中當然包括對於「性」的體驗與幻想。當佛洛伊德提出泛性論（Pansexualism）時，他所說的「性」並非成年人所理解的狹義的「性」，而是指人類都有追求親密與愉悅的動力，包括小嬰兒也是。也許嬰兒因爲純粹的快感會偶爾觸碰和探索生殖器；也許對性別開始有意識的兒童在偶爾自慰時也體驗著作爲男生或女生，其所擁有的器官會帶來令人愉悅的體驗；也許青春期孩子的自慰行爲已經非常接近成年人的自慰行爲……。我能想到的祝福是願每個孩子都有安全探索自己身體的權利，體驗到源於身體的快感時也能體驗到許多外部世界的美好，發展出屬於自己也爲環境所容納的自我調節方式，並且在未來能帶著這些權利、力量與愉悅感發展出各種自己選擇建立起來的親密關係。實現這些願望的「魔法棒」正在父母、老師和各位兒童照護者的手裡。

情緒小學堂

●問題1：「與嬰兒聊天」有用嗎？

答：「與嬰兒聊天」的方式在心理諮商工作中是有用的。法國兒童精神分析師多爾托也曾在她的著作中論證與嬰兒聊天的重要性及有效性。

●問題2：如果自己對於孩子過於放縱，是否會導致他這輩子都沒有辦法擺脫尿布？

答：當養育者能夠把如廁的自主權完全交給孩子時，幾乎不需要怎麼訓練，孩子就可以在兩歲半到三歲左右經歷一個自然脫去尿布的過程。而在這樣一個過程當中，孩子很少會出現壞情緒。

• 問題3：孩子哭鬧的時候，是要抱抱孩子，還是讓孩子自己哭一會兒再去安慰？

答：其實每個孩子在經歷壞情緒時會有截然不同的身體需求與界限。有的孩子非常需要在有壞情緒的時候被養育者抱一抱，而有的孩子則完全拒絕和養育者在那一刻進行身體的觸碰，彷彿身體上的觸感會令他們壓力更大。觀察與尊重孩子在那一刻的需求是重要的：無論是需要抱一抱，還是需要自己待一會兒，這都是孩子為調節自己的壞情緒而表達的需求。

第五章

用溫柔而堅定的言語，幫孩子平穩進入「小世界」

孩子上學前的壞情緒，三步驟輕鬆應對

每年九月是很多養育者格外焦慮的時候，因爲有不少孩子要前往一個更大的世界——幼稚園。大家不免會擔心孩子能不能適應，能否情緒平穩地度過這樣一個階段。絕大多數孩子都會經歷或長或短的「陣痛期」：也許是入園後頭一週每天早上要抱著大人哭一場；也許是在幼稚園還好好的，一回家卻鬧脾氣說再也不要去了；還有一些孩子即使過了兩個月仍是縮在教室的角落裡，無法參與幼稚園的日常活動。

在面對孩子與上學有關的壞情緒時，養育者們會有各種複雜的想法與心情：孩子眞的準備好去幼稚園了嗎？孩子哭得那麼傷心，是不是缺少安全感？去幼稚園會讓孩子留下心理陰影嗎？

有上述這些顧慮恰恰說明了養育者對孩子的在乎，而這份「在乎」本身是自然且珍貴的。從發展的角度而言，無論一個人的心智多麼成熟，面對分離必然會有各種各樣焦慮的反應。孩子對上學這件事有壞情緒是很正常的，畢竟相較於舒適而熟

悉的家庭環境，踏入未知的外部世界會帶來壓力。大部分孩子因爲上學而哭鬧的背後，是對過往養育體驗的認可與不捨，雖然也有一些孩子的上學焦慮可能意味著一些未被察覺的身心發展狀況。

關於孩子上學時的壞情緒，我總結了三部曲，能夠支持養育者陪伴孩子更好地平穩過渡。

三部曲的第一部，是上學前的準備。

首先，養育者需梳理好自己對於幼稚園的壞情緒。回憶一下自己小時候上幼稚園的經歷和感受，可以幫助我們看見自己內心對於孩子要上幼稚園的預設是怎樣的。如果父母對於自己過去上幼稚園的態度總體而言是積極的，在陪伴孩子經歷這一過程時的焦慮感也會相對低一些。

我們也需要和伴侶以及孩子的主要照顧者，比如爺爺、奶奶、保母等達成態度上的一致，那就是進入幼稚園對孩子的進一步成長與發展是有利的。過多的猶豫與懷疑，或者對幼稚園不夠好的焦慮，可能都會對孩子造成一些無意識層面上的情緒影響，阻礙孩子的平穩過渡。

我們也可以和孩子分享自己小時候上幼稚園的故事，或者把孩子接下來每一天在幼稚園的經歷編成故事講給他聽。我們可以在這樣的故事當中融入很多情感上的支持，比如描述「當你睡午覺時，閉上眼睛可能會有點想家，但很快就睡著了，醒來覺得好舒服，還有點心吃」。

我們更要提醒周遭的親朋好友，避免把上幼稚園作爲一種威脅去恐嚇孩子。有的長輩可能會說：「要是再不乖就把你送去幼稚園。」這可能會傳遞給孩子非常負面的情感，讓孩子感覺幼稚園是一個懲罰他的地方，這會人爲製造出孩子對幼稚園的壞情緒。

我們可以和孩子一起選擇一些與上幼稚園有關的繪本，並且回答他關於幼稚園的各種問題，提前一、兩週就按照幼稚園的作息時間生活，從生理上幫助孩子更順利地適應。我們也可以和孩子一起選擇和採購上幼稚園所需用到的各種物品，比如小被子、姓名貼等等，這會讓他們感覺「這是我自己的事情，我可以爲上幼稚園這件事情做出很多自己的努力，這個過程並非完全失控的」。

在上學前，可以帶著孩子積極參與各項歡迎活動。讓孩子提前認識一下老師，養育者也可以本著信任的出發點和老師建立關係，透過家訪之類的機會聊聊自己對於孩子的觀察，也瞭解老師們日後會經由哪些管道去溝通孩子的狀況。

如果條件允許的話，甚至可以邀請未來班上的小朋友們在開學前先互相認識一下，大家在一起玩一玩，這可以幫助他們建立友情，讓孩子們在適應新環境的時候更爲順利。

三部曲的第二部，是上學第一天的支持。

可以和孩子約定一個美妙的出門儀式，比如可以在孩子的手裡比畫一顆五角星的形狀，告訴孩子「這是媽媽留給你的五角星，它將陪伴你，帶給你一天的好心情」，用這種象徵性的方式讓孩子體驗「看不見的連結」——即使白天見不到爸爸媽媽，他們的祝福與心意是陪伴著我的。

養育者自己也需要做好心理準備，去面對孩子在開學當天可能出現的一些拖拉行爲與壞情緒。上學對每個家庭和孩子來說都是一件大事情，當孩子需要更多的能量去面對眼前的壓力時，會容易出現一些退行❶，比如不好好吃早餐或者尿床。養育者可以在合理的範圍內，盡力接納與滿足孩子退回到一個小寶寶的需求，比如允許孩子早餐吃少一點。預留足夠多的時間，讓早晨出門的時間不要太過匆忙。

養育者也可以試著向孩子引入時間和日期的概念。因爲很多三、四歲的孩子並不知道週休二日的概念，他可能會覺得今天去了幼稚園就意味著一輩子都要這樣。我們可以讓孩子看到其實他去學校五天之後，還能在家休息兩天，他依舊有很多時間可以和養育者待在一起；每天早上去幼稚園，晚上回來……這些時間概念都是養育者可以向孩子介紹與傳達的。

而孩子如果和主要照護者的感情非常緊密的話，可以嘗試讓次要照護者早上把孩子送去學校。比如平時如果都是媽媽帶孩子，那麼可以讓爸爸早上送孩子去幼稚園，這樣可以在開學當天減少壞情緒的衝擊。我們要做好準備去接納孩子所表現出的各種情緒。哭泣本身也是他們的表達方式，他們有權利透過哭泣去釋放內心的感受。如果幼稚園允許的話，也可以讓孩子帶一樣自己喜歡的玩具或者全家福照片去幼稚園。

三部曲的第三部，是上學後的陪伴。

養育者可以和孩子約定一個時間去接他，並且一定要努力遵守。對於剛剛上學的孩子，如果養育者可以提早一些去接他，會讓孩子更有安全感。

有一些小朋友白天的表現非常好，但放學時見到了養育者反而突然開始哭鬧，這是非常正常的，因爲他們經常會把最強烈的情感留給最信任的人。如果出現這樣的狀況，並不表示他一整天都過得不開心。這些激烈的情緒可能源於他白天積累的壓力。當孩子對幼稚園更熟悉的時候，反而可能會在老師面前流露出更多的壞情緒，有時這說明他們對老師更信任了。

❶詳見第二章「面對分離與變化帶來的壞情緒，及時『翻譯』和回應」。

當孩子從幼稚園回來，養育者會很想瞭解他一整天在幼稚園裡都做了些什麼。但在一開始，孩子可能會比較回避去回答這樣的問題。這是因爲對他來說，白天要消化的東西實在太多了，他在放學後只想享受和大人們在一起的時光。我們可以透過玩扮家家酒等遊戲去幫助孩子重播白天所經歷的過程，或者允許他有時間去自我消化，等他準備好的時候再和大人們慢慢聊。

有的時候，小朋友會反覆表示自己明天不想再去幼稚園了，這時我們需要好好傾聽背後的理由，因爲每個孩子不想去幼稚園的原因可能都是不一樣的。記得我的孩子曾有段時間不想去幼稚園，瞭解後發現她的原因是每天進園時老師不肯給她手裡的小熊量體溫。而當這個問題解決之後，她每天都能很快樂地去幼稚園。這樣的原因我根本就想不到，但是如果能給孩子一個良好的傾聽環境，將有助於我們更有針對性地去解決問題。

孩子上學後回到家時會有各式各樣的退行行爲，比如他可能需要穿回尿布、半夜醒來、變得黏人或者情緒波動大。當這些需求被養育者看見並被接納時，往往會在一至兩週的時間內消失。這段時間也可以在家裡盡量多給孩子一些自主權。在充滿不確定的階段，當孩子能擁有更多選擇權時，他們會透過自己做決定來感受到安全。養育者也需要和老師保持密切溝通，及時瞭解孩子上學的過渡情況，讓家庭和學校間做好配合。

如果孩子每天去幼稚園時情緒平穩，而且開始能在家中提到幼稚園裡的趣事或好朋友，那就表示孩子基本上已經通過了上學過渡期。如果上學一、兩個月後孩子依舊出現各種各樣的問題行爲，或者壞情緒的反應依舊十分強烈，那麼可以和老師或者專業人士共同評估一下，看看有沒有更具支持性的方案，或者孩子是否有一些需要被特別關注的身心發展狀況。

在養育者的支持下，上幼稚園的壞情緒最終會轉化成孩子的成長經驗。分離會有痛苦，但是在養育者有智慧的支持下，這些陣痛最終會給孩子帶來成長。

如何讓孩子學會合理拒絕但又不傷害他人？

當孩子不願意和小朋友分享玩具進而出現壞情緒時，養育者可以怎麼做？讓小朋友長成一個謙讓有愛、樂於分享的人，的確可以作爲培養孩子的一個目標。但即使是情緒相對成熟的成年人，如果有人逼著我們把自己最喜歡的東西分享給並非最親近的人，可能我們也會覺得很不舒服。

孩子在周圍人要求他必須分享一些東西時出現壞情緒，這本身非常自然，他是在表達自己內心眞實的感受。身爲大人有時會身不由己地去答應一些自己並不想滿足的要求，在人際關係中也許會感覺難以拒絕周圍人的一些期待。而當孩子面對類似的狀況時，養育者自己可能也會感覺有各種內心衝突。

其實一個人格成熟的人，既可以在人群當中做自己、成爲自己，又可以和他人保持積極的、良好的關係。也許當我們在面對孩子的這類壞情緒時，眞正需要聚焦的是如何讓孩子學會合理拒絕但又不傷害他人，避免在這些時刻被壞情緒或者純粹的壓抑感覺所淹沒。

合理拒絕分爲三個步驟，而這三步驟對養育者來說也是一次自我成長的體驗，比如當我們在拒絕孩子時，也可以參考這三個步驟。

合理拒絕的第一步是看見對方的需求。

當孩子在玩玩具的過程當中，被自己不太願意一起玩的小朋友打斷、搶走玩具或者要求分享玩具時，我們首先需要幫助孩子弄清楚當下在發生什麼。我們只需要像鏡子一樣描述所發生的事情就可以，比如「小明想玩你的玩具，但是你並不想分享給他」。看清這樣一個顯而易見的現實，對我們而言是非常容易的；可是對孩子來說，在那一刻需要大人用語言表達出來，才可以避免他在面對壓力時被壞情緒吞沒。不要忘了，對一個三、四歲的孩子而言，他們在一、兩年之前才剛學會說話，一旦遇到壞情緒，好不容易建立起來的言語功能可能會「崩塌」。當養育者可以用語言描述當下發生的事情，孩子會感覺自己與語言有關的思維功能又歸位了，如此可以避免被壞情緒衝垮的體驗。

養育者也可以試著用語言去猜測或澄清對方請求背後的需求，因爲對一個三、四歲的孩子來說，經常還無法瞭解他人行爲背後的意圖是什麼，比如我們可以告訴孩子：「當小明向你要玩具的時候，其實他是想和你做好朋友。」透過對對方外顯行爲和內在需求的描述，我們至少可以在那一刻幫助孩子認識到，站在對面的這個人究竟是誰、究竟想要什麼。尊重是一切溝通的基礎，而這樣一個「看見」對方的過程就是尊重的開始。

合理拒絕的第二步是清晰表達自己的需求。

養育者可以幫助孩子向對方表達：「我正在玩這個玩具，還沒準備好分享給你。」當我們能用語言幫助孩子去表達時，他至少學會了用一種更成熟的方式讓對方知道自己是怎麼想的，而不是透過動手推人或大哭大鬧來達成目的。

語言表達是一個需要學習的過程。在這個過程當中，養育者自己可能會在很多時候覺得有些困難，擔心傷害到別人。爲了避免這點，在表達需求時要盡可能描述「我」的感受，而不是去判斷對方的動機。比如表達「我想要玩玩具，不想分給你」的時候，是在討論自己的感覺；但如果說「你想過來搶我的玩具，你是個大壞蛋」，這種評價與判斷在對方聽來可能就會是一種越界的表達，而越界的表達是無法帶來建設性結果的。表達自己的需求，意味著把語境限定在「我」的範圍內，而不是代替他人去做出判斷。

合理拒絕的第三步是提供一個替代性的解決方案（這對於孩子的綜合能力有更高的要求）。

也許養育者可以提供給孩子這樣的方案：「雖然你不想把這個娃娃給小明，但是我們可以把這個飛機給他玩一會兒。」孩子會意識到原來有一條路徑既可以滿足自己的需求（不把娃娃給小明），又可以滿足小明當下的需求（想要玩玩具）。

養育者也可以啓發孩子思考，比如：「現在你和小明都想玩這個玩具，但是你並不想給他。在你看來，我們有什麼方式可以解決目前這個狀況呢？」孩子自己會開始啓動思考，他可能提出各種各樣的方案，即使是提出一些行不通的方案，這也是他自己在爲人際關係負責任的過程。養育者可以給予一個傾聽的空間，並給予適度的建議，比如：「要不媽媽定一個鬧鐘，等五分鐘鬧鐘響的時候，你就把這個娃娃給小明玩一會兒，等他玩好了再還給你，好嗎？」

類似的交流、談判、商量的過程未必可以非常迅速得到一個完美的結果，但是在這個過程當中，養育者能夠培養孩子對於自己情緒和需求的包容能力、對於他人需求的識別能力，以及解決問題的綜合能力。

每個家庭都有自己獨特的價值觀與界限，有些家庭可能非常強調謙讓這個特質，有的家庭則更強調尊重自己的需求。但是在面對孩子的各種壞情緒時，有一條原則幾乎適用於所有的家庭，那就是在身體與情感的層面，我們既不可以傷害別人，也不可以被別人所傷害。

當孩子在人際交往中出現一些令父母頭疼又困惑的狀況時，我們可以問問：自己孩子的行爲究竟有沒有觸碰到這條原則底線？比如當孩子不願意分享玩具、推搡那些想要拿走他玩具的人時，我們需要向孩子澄清的是：如果你推別人，你是在傷害別人的身體；如果你罵別人，你是在傷害別人的情感，這些都是不被允許的。但與此同時，如果別人一定要搶走你不願意分享的玩具，這是他們在傷害你的感受，我們也不能允許這樣的事情發生。

在彼此互不傷害的前提下，其實有很多中間地帶是可以去探索和實踐的，希望透過這樣的情境，可以教會孩子與壞情緒相處的一些能力。

應對與咬人、打人、踢人有關的壞情緒，不妨試試七步驟

當孩子出現咬人、打人、踢人的行為時，養育者都會經歷非常擔心、甚至驚恐的體驗：我家的孩子怎麼突然變得那麼具有攻擊性？在這些恐懼的背後，養育者會擔心這樣的行為有沒有傷害到別人，以及自家孩子長大後是否還會那麼暴力。

在本書第二章中我們曾探討過，「言語化」是破解孩子壞情緒的鑰匙。當孩子出現無法用語言涵容的壞情緒，不得不將其轉化為攻擊行為時，養育者的重要工作是幫助孩子把壞情緒用語言表達出來，同時在當下避免事態擴大，保護雙方的身心安全。

養育者不妨試試用以下七個步驟來應對孩子與咬人、打人、踢人有關的壞情緒。

第一步，養育者首先需要終止當下的攻擊行爲，確保所有人都是安全的。

本書中多次提到，對於孩子的成長而言，最重要的是提供一個讓身體與情感都感覺安全的環境，安全是一條重要的界限與底線。因此當我們看到孩子咬人、打人、踢人時，首先要做的是把他們拉開，確保沒有人會繼續受傷。

第二步，養育者需要安撫受害者，也需要安撫攻擊者。

養育者既要安撫那些被欺負的小孩，也要安撫一個也許看起來「十惡不赦」的攻擊者。

如果大家觀察一個孩子攻擊他人之後的表情，往往會發現他也是非常手足無措的。尤其是四、五歲的孩子，他們內心對於如何控制自己的言行還沒有形成穩定成熟的腦迴路，他們對於自己的衝動會感到痛苦。當別的小朋友被他弄疼而哭鬧時，他們會非常內疚與不知所措。

因此，養育者在安撫那些被弄痛的小孩時，也要記得去安慰一下在旁邊不知所措的攻擊者。可以告訴打人的孩子：「也許你的本意並不想傷害對方，但你剛才的所作所爲確實把別人弄疼了。」這樣的說法既幫助孩子看到自己的行爲會帶來的後果，又可以指出孩子內心的無助與良善，爲進一步處理壞情緒創造空間。

第三步，養育者需要重申界限。

無論家庭有怎樣的價值觀，「安全」都是人際關係中的界限。養育者可以說：「我們需要確保每一個在房子裡的小朋友都是安全的，你不可以這樣打弟弟。當你這樣打弟弟的時候，你是在傷害他，這是不被允許的。」每一次當我們強調這些界限的存在時，對孩子而言就像是一些熟悉的東西回歸了，意味著重獲了一種可預測感和可控感。當孩子失控時，來自養育者的界限感會令孩子感覺安全。

儘管有些孩子依舊會表示抗議，比如說「是弟弟先搶我的玩具的」，但是爸爸媽媽對於基本界限的強調，會讓他看到我們是在一個合理的框架內去解決問題，而不是漫無目的地無理取鬧。

第四步，養育者需要說明後果。

比如當孩子們因爲一個玩具而打架時，養育者可以說：「我們誰都沒有辦法再玩這個玩具，我必須把它拿開，以確保你們所有人的安全。」

有些時候，養育者會理所當然地認爲所有的暴力行爲都是由某一個壞孩子造成的，但這種歸因既有可能忽略了一些人際互動中微妙的細節，也有可能讓表面看起來被欺負的孩子感覺自己在那樣的情境下是沒有能動性的，似乎除了等待能主持公道的成年人，他們無法做任何事情去避免糟糕情境的發生。當孩子們意識到他們雙方都可以對事件的結果產生影響時，他們也會意識到其實每一個人都可以爲壞情緒負起責任。

第五步，養育者需要幫助孩子去進行反思。

比如可以告訴孩子：「被人踢了之後會瘀青，那會很痛，這對別人來說是種傷害。」或者告訴孩子：「當你這樣做的時候，所有的小朋友都會離你遠遠的，他們會不願意和你做朋友。」上述這些對於後果的描述可以幫助孩子看到，他的行爲可能帶來哪些非常糟糕的結果，這可以幫助他去理解爲什麼不可以打人、咬人、踢人。

第六步，養育者需要給予孩子必要的共情。

在給予必要的教育之後，也需要給予孩子一定程度的共情。有些孩子在攻擊他人前，可能的確經歷了比較委屈的事情。可以試著對孩子說：「那一刻你可能覺得非常無能爲力，覺得除了打對方一巴掌之外，沒有其他任何辦法去解決這件事情。」當養育者這樣共情孩子的時候，孩子會感覺到養育者至少有看到他那一刻內心非常眞實的感受。而這種「看見」本身會讓孩子更願意與大人溝通他當下的想法，也更願意聽聽大人們究竟在說什麼。

人與人的溝通如果充滿了責備與批評，就沒有空間去進行更有效的交流了。若要孩子反思自己的行爲，那麼創造出能讓孩子安全進行反思的心理空間是重要的。

第七步，養育者可以支持孩子去解決衝突。解決衝突也許是向被自己傷害的人道歉，也許是想辦法化解當下的衝突。

比如當孩子搶玩具的時候，我們可以告訴孩子：「你們可以制定一個遊戲規則，讓每一個人都可以玩到這個玩具。」或者：「我能不能給你一塊東西掛在脖子上，當你下次感覺想咬人的時候，就直接去啃那塊東西。」這樣的做法對一些比較小的孩子是有用的，因爲當一個小孩子還不能用語言全然表達自己的情緒時，他可能真的需要付諸行動才能讓自己感覺好一些。雖然咬人是不被允許的，但我們可以肯定孩子內心有這種攻擊的需求，同時給予一個比較合理的解決方式。

也有的孩子習慣在口袋裡揣一個海綿小球。老師會告訴他，當你感覺自己控制不住想要打人的時候，可以把手放進口袋去捏捏那個小球。這樣的一些方式在學校和家庭都可以被廣泛採用，可以讓孩子們體驗到我們尊重他當下的壞情緒，並且也非常努力地想找到一些方法去幫助他。情緒是可以用不傷害自己或他人的方式來表達的。

無論對於哪個年齡階段的孩子，當一些壞情緒出現時，養育者用言語幫助他表達當下發生了什麼，眞的很重要。即使孩子說「我想殺了他」這樣的話，也只是停留在幻想層面的一種表達，絕大多數孩子並不會眞的拿起刀子去做那樣一件事情。我們要允許孩子有一個空間，也許是透過語言，也許是透過繪畫或體育活動，去釋放與表達心裡的壞情緒，這樣他們才不需要把這些壞情緒用拳頭發洩出來。

孩子害怕幼稚園老師，如何緩解他的不安情緒？

經常有養育者會問：不少幼稚園老師還滿凶的，如果孩子在幼稚園裡看到老師責備其他孩子，感到非常恐懼，擔心老師總有一天也會責罵自己，因而對上幼稚園產生了很多壞情緒，該怎麼辦呢？

實事求是地說，對一些小朋友來講，去幼稚園並不總是快樂的，他們可能會在這個過程中經歷各種各樣的幻想，有些時候會經歷一些恐懼、委屈、憤怒的感覺，那麼我們可以如何幫助孩子處理與幼稚園有關的壞情緒，尤其是關於幼稚園老師的壞情緒呢？

首先需要幫助孩子梳理事實，讓孩子描述他所看到的東西。這其實就是在傳遞一個非常重要的訊息：我有意願也有能力瞭解你心裡那些讓你感到不安的部分。

但與此同時，需要特別注意的是，尤其對三到六歲的孩子而言，有時他們會把自己的幻想當成事實。比如當他們說老師罵別人、打別人的時候，事實可能是孩子自己想要去罵或者打那個小朋友，但在幻想層面他讓老師「替」他實現了心裡這些壞壞的小心思。孩子有類似的幻想並不表示他是個壞孩子，因爲我們每個人心裡都或多或少會有一些想要攻擊他人的念頭，只要不把它們眞的變成行動，只是「想一想」是安全的。之所以要提到孩子這個階段的心理特性，是爲了告訴爸爸媽媽，當我們聽到孩子描述幼稚園老師對同學不好的時候，先別急著去判斷究竟誰對誰錯，而是要先給孩子一個時間和空間去描述他相信自己所看到的東西。養育者心裡可以有一根弦，知道孩子有些時候分不清現實與幻想，那些聽起來令人擔心的場景並不一定眞的發生過。

到底怎樣才能知道孩子說的是眞話還是假話呢？我會建議養育者在給了孩子充分的表述空間後，和老師做更進一步的溝通。比如可以告訴老師：「孩子回來告訴我，他看到班上有人打人，我不確定孩子說的是不是眞話。所以想問問老師，您的觀察是怎樣的？」這樣的溝通本身是和老師就這一問題建立連結。透過孩子的敘述、老師的回饋以及其他家長的資訊，大部分父母內心都會有個譜，知道到底是怎麼回事。

不管事情是否眞的發生過，養育者都可以鼓勵孩子表達這些恐懼感。當孩子感到非常害怕的時候，眞正令他難以忍受的並非害怕本身，而是這種害怕不能被爸爸媽媽所接納，沒有人願意陪伴他去訴說那些害怕。當他有時間和空間去表達那些恐懼感的時候，恐懼對他的傷害就已經小一些了。

在這個過程中，養育者也可以表達自己的立場與價値觀。比如告訴孩子，別的小朋友被批評和責罵，並不是因爲孩子自身做錯了什麼。因爲這個年齡階段的孩子經常把周圍人的遭遇和自己連結在一起，會幻想是不是因爲自己做錯了什麼，才讓他人遭到了不公平的對待。我們可以告訴孩子：「無論怎樣，爸爸媽媽都會在你的身邊。即使你犯了錯，我們也可以去談論它，而不會打罵、責罰你。」

透過遊戲的方式來談論壞情緒也經常很有效。比如在和孩子玩扮家家酒的過程當中，養育者可以還原孩子在幼稚園經歷的一些事情，在遊戲中討論怎麼辦，鼓勵孩子思考應該怎麼做。孩子可能會拿起一個小兔子玩具說：「小朋友你眞不乖，我要打死你。」這時，養育者可以拿起另一個娃娃說：「打人是不對的。不管對方做了怎樣糟糕的事情，我們都不能打死他。讓我們一起來想一想可以怎麼做。」遊戲會讓大部分孩子感覺放鬆，進而發揮想像力去思考面對這樣的情境，他可以做些什麼。

我們還可以透過分享自己的童年經歷來幫助孩子。我想養育者在上幼稚園的時候，或多或少也有喜歡的老師和不那麼喜歡的老師，我們當時是怎樣體驗對於老師的恐懼呢？我們是怎樣走過那段時間的呢？這些故事對孩子來說都非常有價值。對孩子而言，最可怕的是無人陪伴他去面對這些壓力，而當壓力可以被表達時，感覺就會好很多。

最後，我們也可以幫助孩子去接觸不同類型的老師，意識到人是很多樣的。也許有的老師令他感到恐懼，但是也會有老師令他喜歡且願意親近。當孩子意識到這種恐懼感並不是因爲自己做錯了什麼，而可能眞的是由對方的一些侷限所導致，他也會更加篤定地去面對生活當中遇到的各種各樣的人。

當然如果經由種種跡象，養育者發現老師確實對班上的其他孩子有暴力傾向，或者有非常不合適的行爲，及時站出來保護孩子便是非常重要的一種示範。我們可以透過和幼稚園園長溝通，或者用其他合適的方式去保護孩子，改善孩子的生存環境。

讓父母老師頭疼的小霸王，是怎樣「變壞」的？

在幼稚園或社區遊戲場裡，經常會出現一些「小霸王」似的孩子，這些孩子很難遵守輪流玩的規則，在自己想要一些東西時會直接把別人推開去搶，有時候他們也會用語言去攻擊和威脅別的孩子。

從事心理諮商工作十幾年，我並沒有遇到過哪個孩子是希望自己成爲一個壞孩子的，不少令養育者頭疼的「小霸王」，其實內心有著許多不爲人知的壞情緒。在思考如何讓孩子「變好」之前，首先需要思考是什麼原因讓一個好孩子「變壞」了。

在我的觀察中，「小霸王」經常是從養育環境中習得了不少粗暴對待他人的方式，比如有些養育者自己可能言語比較粗暴，或者喜歡用暴力的方式去對待孩子或他人。孩子與社會相處的方式，很多時候形成於一個習得的過程。如果他身邊最親近的人表達出來的狀態都是非常暴力的，孩子可能會不自覺地模仿並且認同那樣的方式。很多「小霸王」的內心世界是充滿不安全感的，他們會感覺似乎只有透過暴力才能維護自己，而養育者在多大程度上能減少不當言行的表達，決定了這些「小霸王」們能否在童年期習得更加成熟的處事方式。

在另一些情況下，隨著孩子開始與同齡人建立友誼，生活範圍變大，他們也可能出於好玩或者友誼而去模仿媒體上或者同齡人的暴力言行。對於這種情況，養育者需要幫助孩子去認知不同人之間的差異性，讓孩子意識到即使和一個人做朋友，也並不意味著需要贊同和認可對方的所有選擇與行爲，在包括友誼在內的人際關係中，一個人可以堅持自己認爲正確的選擇，並且每個人都有許多不同的選擇。

有時孩子也可能因爲他所處的身心發展階段而出現暫時的「小霸王」狀態，比如當孩子開始逐漸掌握語言表達或者發現自己的力氣越來越大時，他會透過各種行爲來看看自己究竟有多厲害——如果我抱一個小朋友是可以的，那我推他一下、甚至咬他一下也是可以的嗎？這種對於權利界限的試探，對很多孩子而言是一個心智發展的過程，但是這樣的過程並不符合社會規範且會造成很多衝突。我們需要清晰地告訴他什麼是不可以的，並且尋找到更爲合理的方式幫他去探索這樣的界限，比如參加足球比賽之類有對抗性的體育活動等。

還有一些小霸王在養育環境中經常體驗到被貶低、受挫、沮喪的感覺，因此需要用一個虛幻而誇大的自我來彰顯自己是「有力量」的。這類孩子的家教往往特別嚴格，但過於嚴苛的管教反而讓孩子感覺自己一無是處。一些小霸王的心理機制其實非常類似於「狐假虎威」——透過展示虛幻的力量感來讓周圍人不要傷害他。他們壞情緒的本質是對自身力量的不認同，甚至是對自身匱乏感的恐懼。

在一些更少見的情況下，小霸王行爲也可能意味著孩子有一些未被察覺的特殊狀況（比如注意力不足過動症、自閉症類群障礙等等），或者孩子可能有一些與心理創傷相關的壓力反應。這些情形都需要兒童心理方面的專業人士進行評估才能採取合適的干預。

如果家裡有「小霸王」，當具體的衝突發生時，養育者可以試著結合本章「應對與咬人、打人、踢人有關的壞情緒，不妨試試七步驟」去思考如何幫助孩子。但更重要的是，養育者本身承擔了重要的示範功能，孩子需要在日常生活中意識到用暴力的方式去處理問題並不可取。

四步驟讓孩子學會自我表達，情緒更穩定

相較於一個還不會說話的小嬰兒，很多養育者對三到六歲孩子哭鬧的忍耐程度是更低的。不少大人會選擇用兩種方式去面對：一種是暴力打壓——你哭得那麼大

聲，我的脾氣會比你更大；如果我可以威脅到你、嚇到你的話，你就不會再哭鬧了。還有一種是轉移注意力——你哭鬧得這麼厲害，也許去吃個冰淇淋就好了。雖然這兩種方式可能在某些時候是奏效的，但是它們都不能眞正幫助孩子去做自己壞情緒的主人。

在我們探討具體該怎麼做之前，首先要來看一看，養育者在孩子哭鬧撒潑、表現出各種壞情緒的當下，爲何會感覺難以忍受。

一種情況是，養育者可能會感到失落、甚至內疚，彷彿是自己不夠好才導致孩子此刻如此痛苦。另一種普遍的情況是，養育者在這一刻非常擔心會失控，擔心孩子的情緒表達會造成特別可怕的後果，或者對孩子的身心發展有巨大影響，因此會想盡一切辦法把孩子那一刻的壞情緒抹去。

但越是用不合適的方式對待孩子的壞情緒，孩子的壞情緒就會越演越烈，形成惡性循環。即使是已經有語言能力的孩子，也可能因爲長期被壓制或者轉移注意力，而無法形成在壞情緒的當下與他人好好溝通的能力。

在給予孩子具體的支持與幫助之前，養育者首先需要調整好自己的心態。我們需要看到孩子哭鬧撒潑的背後，經常是在表達「我是誰」和「我想要什麼」。比如一個孩子想吃香蕉，而爺爺硬要塞給他蘋果的時候，他可能會哭鬧。在這個當下，想吃香蕉的孩子被忽略了。孩子能夠表達出消極的情感，說明他是有底氣的。一些被診斷爲兒童憂鬱症的孩子很可能看起來總是順服的，這樣的孩子其實更令人擔心。因此在看見一個會哭鬧撒潑的孩子時，我首先會告訴養育者：「你們讓孩子有了足夠的底氣敢於表達自己。」當然，我們也可以透過一些方式去引導孩子更有建設性地表達自己的不滿，這就是養育者需要發揮作用的地方。

可以從以下四個方面幫助孩子在哭鬧撒潑的壞情緒當中，培養自我表達的能力。

第一個方面，是幫助孩子爲他的情緒命名。

有很多孩子看似會說話了，但他的情感表達能力還停留在非常低的水準，比如他不能正確區分什麼是委屈、什麼是悲傷、什麼是失落、什麼是困惑、什麼是尷尬。當這些情緒只能模模糊糊地出現在感覺中而無法用語言表達時，孩子可能會因爲難以名狀的焦慮感而哭鬧，彷彿只有那樣才可以讓大人感知到他心裡有多難受。當養育者可以爲孩子心裡那些不爽的感覺命名時，孩子會有種「被看見」的安心，會知道即使沒有靈丹妙藥迅速解除壞情緒，至少有人知道「我是在經歷難受的」，「我並不孤單」。

比如當孩子哭鬧的時候，養育者可以結合具體情況描述：「你是不是很生氣？我猜你此刻很委屈。」這樣的表達看似並沒有給出解決方案，但是給出了那一刻孩子需要的情感支持。

第二個方面，是幫助孩子理解壞情緒背後的因果關係。

當孩子哭鬧不講理的時候，有時他們也說不清楚自己究竟爲什麼會那樣。在壞情緒當下，養育者幫助孩子描述前前後後發生了什麼，正是在幫助孩子建立起行爲和情感之間的因果關係，而小嬰兒是無法理解因果關係的。比如我們可以對孩子說：「媽媽不願意給你買那根棒棒糖，寶寶覺得很失望。」或者可以說：「剛才有個姐姐搶走了你的玩具，你覺得非常生氣。」這些對因果關係的描述也能夠幫助孩子進一步理解自己的壞情緒。

第三個方面，是幫助孩子學會表達需求。

養育者因爲形形色色的成長經歷，可能會對「滿足需求」這一選擇本身有複雜的情緒，比如有的養育者會擔心過度滿足孩子是否會把孩子寵壞。雖然對此並沒有標準答案，但幫助孩子學會清晰表達自己的需求是會讓他們終身受益的。孩子需要從養育者支持的態度中感受到：即使需求一時無法被滿足，擁有某些需求本身沒有錯，一個人不應爲自己有需求而感到羞恥。比如養育者可以幫助孩子表達出想要吃香蕉的心願，但也如實告知孩子今天家裡眞的沒有香蕉，而不是去打壓孩子想要吃香蕉的願望。

第四個方面，是幫助孩子實現共贏與建立同理心。

從心理發展的規律來看，不少孩子要到四、五歲以後才會逐漸發展眞正的同理心。在此之前，雖然看起來他們會在一些時候謙讓，但那多半是出於取悅成年人的目的，而非有意識地透過建設性的方法來尋找到一個共贏方案。

但是當孩子具備了一定的語言能力時，養育者便可以透過更多的引導來幫助孩子思考出共贏方案。比如當兩個孩子在玩玩具的時候，有人想要獨占玩具，導致另一個孩子哭鬧撒潑，出現了壞情緒。這時，我們可以幫助孩子去找到一個既滿足對方需求，又不委屈自己的方案。這樣的思考過程會讓孩子有意識地爲自己的壞情緒負責，去主動思考一個既可以做自己，又可以和他人保持良好關係的方案，比如用沙漏計時，兩人輪流玩一個玩具。

養育者的支持會讓孩子充分學習如何在壞情緒的壓力之下，依舊行使健康的自我表達功能，發展出更成熟的人際交往能力。擅長表達自我的孩子情緒更穩定，他們不需要透過哭鬧撒潑來讓周圍人知道他們想要什麼。這樣的孩子人際關係會更加良好，也往往更富有創造力與建設性，知道在一些兩難的局面下，該怎樣爲各方創造雙贏或多贏的可能性，而這不正是我們希望孩子長大時所具備的能力嗎？

說髒話的背後，藏著讓壞情緒昇華的契機

不少三到六歲的孩子會階段性出現說狠話、甚至髒話的現象，有時候是因爲好玩，有時候則是眞的藉由那些話去表達一些壞情緒，其中經常包括以下三種情形：

第一種情形是透過威脅他人的語言來展示自己的力量。比如有的孩子會對別人說：「我要殺了你，我有一把很大的槍，只要我指著你，你就會死掉。」有些時候當爸爸媽媽看到孩子說出這樣的狠話會非常擔心，彷彿孩子眞的會那麼做。大部分情況下，孩子只是透過語言表達給自己壯膽，他們眞正在承受的壞情緒可能是害怕。

第二種情形是貶低他人的語言暴力。比如孩子可能會說：「你這個大笨蛋，你怎麼這麼笨，什麼都不會。」當孩子這麼說的時候，養育者會感覺孩子非常無理，擔心傷害了周圍人的感受。其實這種表達背後的壞情緒往往是孩子覺得自己是糟糕的，也許孩子在日常養育或幼稚園環境中經常被責備或貶低，他似乎是要用這樣的方式讓周圍人知道自己內心有多難受。

第三種情形是與發展有關的粗口髒話，其中經常包括一些與排泄相關的字眼，比如屎、屁、尿等等。也有一些孩子會模仿大人的口頭禪，說出一些成人世界的髒話。這類不堪入耳的話經常與孩子的心智發展有關。當他們日益發現語言的力量時，常常會用各種方式去試探自己的語言可以給周圍人造成怎樣的影響，而社群媒體形形色色內容的傳播讓這個過程變得更加複雜了。

孩子在學習說話的過程中會體驗到各種各樣豐富的情感。在早期他剛開始會叫爸爸媽媽的時候，會體驗到一種被認可的、驕傲的感覺；當他會說的話越來越多，養育者對他的語言表達能力給予贊許的時候，他也會爲自己感到很高興。而當養育者已經開始熟悉了孩子會講話這件事情，習慣了他能夠使用一些新的詞彙後，孩子會感覺自己似乎得不到那麼多的關注了。這些時候，他偶爾模仿了一句不雅的話，卻讓所有人的關注都到了他身上，他會有一種困惑：「爲什麼當我這樣說的時候，大家都會盯著我看呢？爲什麼當我這樣說的時候，媽媽會氣急敗壞地衝過來呢？爲什麼大人都很緊張地告訴我這是不可以的呢？我的語言爲什麼會產生這麼大的威力？」

帶著這些困惑，孩子可能會一遍一遍地去試探自己的語言會對周圍人造成怎樣的影響。而當他們開始和同伴交往的時候，也會以同樣的方式去試探同齡人的界限。他們會想要知道當自己對別人說一些並不好聽的話時，對方會有怎樣的反應。三到六歲的孩子很多時候並不清楚自己到底是誰，他們會透過講這樣的話來喚起周圍人的反應，進而瞭解自己在社交關係中處在一個怎樣的位置上。

除卻一些未被察覺的特殊需求所導致孩子說髒話的現象（比如妥瑞症）之外，在面對孩子那些因爲好玩而去模仿說髒話的情形時，養育者首先可以做的是冷處理：假裝沒有聽到，或者對此行爲不表露出過多的情緒。當孩子自討沒趣的時候，就會放棄這樣的試探。千萬不要盲目去糾正孩子，告誡孩子不可講粗話，因爲這可能會讓他們更加體驗到做禁忌之事的刺激感，反而強化了他們的行爲。

如果感覺孩子並非只是出於好玩與模仿的目的，而是眞的在藉由髒話來表達各種壞情緒，那麼養育者就需透過合適的語言幫助孩子梳理與表達他眞正想說的東西。就如同孩子去摸插座時我們要堅決制止一樣，也要非常清楚堅定地對孩子的語言暴力說「不可以」。我們需要讓孩子意識到別人和自己一樣，也會有喜怒哀樂，用語言去傷害他人是不對的，同理，別人也不能用語言來傷害自己。

一些養育者在這個過程中還會有的一個困惑是：我們如何在孩子的表達自由與對他人的尊重之間找到合適的界限？換句話說，自由表達與言語暴力之間的界限究竟在哪裡？這對成年人來說也是一個非常重要且難以回答的問題。在社群網路上，我們經常會困惑於表達自己的想法和對他人造成困擾之間的界限究竟是怎樣的。

在我個人看來，區分言語暴力與自由表達之間有一個重要界限，那就是在溝通背後是否給對方留下了空間去進行更多表達。當表達是爲了把對方逼到絕路，或者給對方貼上一個讓他無法翻身的標籤時，就成了暴力。比如一個孩子和另一個孩子吵架，如果他說「你就是全世界最笨的那個笨蛋」，那麼他就沒有給對方留出空間去談論事實是什麼。

養育者可以試著幫助孩子去探索語言暴力背後的東西。比如當他對另外一個孩子表達出生氣、甚至暴力的話語時，這是否意味著他其實很在乎他們之間的感情？養育者可以說：「當你這麼說的時候，我感覺到你對那個朋友很生氣，但是這種生氣背後也可能意味著你眞的很在乎他的表現，因此當他這麼做的時候，你非常生氣，對不對？」如果孩子認可你的說法，就可以和孩子一起探索，用怎樣不同的表達方法，可以在那一刻更富有建設性地表達自己的壞情緒，避免破壞一段關係。

在日常生活的點點滴滴中，養育者也要有意識地減少對孩子的語言暴力，去努力傾聽孩子的言外之音，讓孩子有空間與我們進行溝通。這樣的養育也可以支持三到六歲的孩子形成眞正的同理心：在孩子三、四歲的時候，我們可以幫助他換位思考，去想想對方會有怎樣的感覺；而四、五歲之後，許多孩子的道德感會開始萌芽，他們會更容易去同情他人或體諒他人。當孩子能在良性循環的人際關係中體驗到許多與愛和關懷有關的成就感，他就不需要使用語言暴力作爲護身的武器了。

●問題1：可以對孩子說「要是再不乖，就把你送去幼稚園」嗎？

答：這可能會傳遞給孩子非常負面的情感，讓孩子感覺幼稚園是一個懲罰他的地方，這會人為製造出孩子對幼稚園的壞情緒。

●問題2：孩子不願意分享玩具，父母該不該強迫他分享？

答：當孩子面對類似的狀況時，其實養育者自己可能也會感覺到各種內心衝突。一個人格成熟的人，既可以在人群當中做自己、成為自己，又可以和他人保持尊重互信的關係。也許當我們在面對孩子的這類壞情緒時，真正需要聚焦的是，如何讓孩子學會帶著尊重拒絕他人，避免在這些時刻被壞情緒或者純粹的壓抑感受所淹沒。

● **問題3：罵人、打人的孩子，也有壞情緒需要被安撫嗎？**

答：如果大家去觀察一個孩子攻擊他人之後的表情，往往會發現他也是非常手足無措的。尤其是四、五歲的孩子，他們內心對於如何控制自己的言行還沒有形成穩定成熟的腦迴路，他們對於自己的衝動本身會感到痛苦。當別的小朋友被他弄疼而哭泣時，他們會非常內疚與不知所措。

因此，養育者在安撫那些被弄痛的小孩時，也要記得去安慰一下在旁邊不知所措的攻擊者。可以告訴打人的孩子：「也許你的本意並不想傷害對方，但你剛才的所作所為確實把別人弄疼了。」這樣的說法既是幫助孩子看到自己的行為所帶來的後果，又可以指出孩子內心的無助與良善，為進一步處理壞情緒創造空間。

第六章

用坦誠而開放的態度，化成長的煩惱爲力量

二寶來了，四步驟幫助大寶化解壞情緒

當老大來到三至六歲這個年齡段時，一些爸爸媽媽可能開始考慮要生第二個孩子，這本身是一件讓人高興的事情。但與此同時，不少爸爸媽媽都會擔心，這個過程中，大寶是否會出現各種各樣的壞情緒。

事實上，當我們期待大寶對家中即將迎來的二寶不會出現壞情緒，這已經是一個脫離現實的期待了。

對資源爭奪的焦慮感是寫在我們基因裡的東西，是人類的本能。同一個屋簷下又來了一個新生命，意味著不少資源（比如養育者的時間與關注）就要被分享出去了。大寶展現出一些壞情緒，恰恰是正常和自然的人類反應。

大寶各種各樣的壞情緒，可能會有這樣一些表現形式：比如似懂非懂地得知了媽媽懷孕的消息之後，突然開始尿床；有的時候，大寶會突然開始不願意再去幼稚園；當媽媽分娩後，把二寶帶回家，大寶會出現各種各樣的哭鬧，或者強行要求媽媽陪他玩；再到後來，當所有人都圍著一個可愛的小嬰兒轉時，大寶也難免會有一

些失落悲傷的情緒。

當二寶降生時，兩個孩子的競爭也隨之開始了。當二寶慢慢有了一些重要的發展，這在大寶的體驗中可能會是一種威脅。當大寶體驗到這些情感上的壓力時，他有可能會退回到一個小寶寶的狀態，積累更多的能量，然後向前邁進。我們把這種退行的狀態叫作「觸發點」。其實成年人的世界中也有觸發點，比如當我們接到一個非常大的任務，爲此茶飯不思的時候，其實就是在積累能量去圓滿完成任務。對大寶而言也是如此。他退回到一個小寶寶的狀態，是爲了讓自己有更多的能量去接受眼前這個完全新生的生命，以及隨之而來的家庭結構調整。

壞情緒背後往往還有一句潛臺詞：「爸爸媽媽爲什麼還要一個小寶寶？他們是否嫌棄我太大了？是不是當我成爲一個小寶寶時，爸爸媽媽就不再需要另一個小寶寶了？」這些幻想會圍繞在大寶的腦海當中，於是他會做出各種不可理喻的、小寶寶般的舉動來吸引父母的關注。

養育者時常會對上述這些變化感到非常困擾，甚至會感覺大寶不懂事，或擔心家中添了新生命是否給大寶帶來終身心理創傷。對於大寶而言，家中來了二寶的確會喚起一些悲傷和委屈的體驗，但就像其他成長的煩惱（growing pains）一樣，這些經歷如果能被好好處理，大寶也能從中獲得不少成長的力量。

在伴隨家中新生命而來的各種壞情緒表現中，還有一些表現是充滿防禦性的。「防禦」是指一個人透過各種方式，無意識地隔離掉那些使自己內心特別痛苦的事情。比如有的大寶似乎對家中來了新生命表現出漠不關心的態度，即使爸爸媽媽告訴他這個事實，他也裝作什麼都不知道。這種回避就是一種「防禦」，說明他並沒有力量去面對和消化家庭中這樣一個重大變化。如果忽略這一點的話，就會誤以為老大對此無動於衷或「什麼都不懂」，但事實上他可能正經歷著比我們想像中要強烈得多的情緒。

那麼養育者究竟可以做些什麼，來幫助孩子調節家中來了二寶所引發的各種壞情緒呢？

第一點是，永遠不要對孩子隱瞞任何事情。

當媽媽懷了第二胎時就可以如實告訴孩子：「我們家要有一個小寶寶了。」無論是幾歲的孩子，都會有自己獨特的方式去理解這件事情。

對年紀比較小的孩子來說，帶他一起去進行產檢，或者透過閱讀繪本等方式讓他知道小寶寶已經在媽媽的肚子裡，這樣的過程非常重要。產檢時，當爸爸媽媽帶著老大一起去，他可能會好奇地問這問那，也可能會顯得漠不關心。無論何種表現都是有意義的，這意味著老大無論如何都是家庭的一分子，並不會因爲老二的到來而被排除在外。

有的孩子不會詢問太多關於媽媽懷孕的事情，但當他經過嬰兒車時，可能會停下來好奇打量裡面的嬰兒。此時，這是可以和孩子討論相關問題的好時機。

第二點是，讓老大擁有夠多的參與感。

無論是在孕期還是在孩子降生之後，我們都可以和老大一起參與對小寶寶的養育過程。比如在給小嬰兒換尿布時，養育者可以請老大拿一片尿布過來，甚至我們也可以給老大一個自己的玩具娃娃，讓他在旁邊給自己的娃娃換尿布。當老大感覺自己在家中依然有著獨一無二的價值時，壞情緒就會緩解很多。

第三點是，避免誇大老二給老大帶來的影響。

一些養育者會恐嚇老大說：「等弟弟妹妹來了，媽媽就不喜歡你了。」這類表達對於孩子是完全沒有幫助的，反而會讓他不安的情緒變得更加焦躁。另一些養育者則會讓老大過度理想化老二的存在，比如有時候爸爸媽媽會說：「家裡馬上要多一個小朋友和你一起玩了。」但是當小嬰兒進家門時，老大看到的只是一團渾身發紅、完全不會講話、不會走路、整天只知道吃喝拉撒的小生物。父母事前充滿粉紅泡泡的過度理想化表達，可能會讓老大感覺受到欺騙，並因此非常失落和失望。

第四點是，保持開放，傾聽孩子的心聲。

在家中來了新生命的過程中，老大會自然而然體驗到形形色色的情感。如果養育者把「讓著老二」作爲一種道德標準去要求老大，可能會讓老大更加反感。如果希望老大能給予同胞手足愛與尊重，那麼首先需讓老大體驗到養育者對他的愛與尊重。

在這樣一個充滿壓力的時期，一個好用的小技巧是無論在孕期還是產後，養育者都可以告訴老大：「每週我們都會有和你獨處的時間，我們會留出時間單獨和你待在一起，聊聊這週發生了什麼。」這樣的獨處時間必須是有規律、可預測的，比如在週六的下午兩點。當養育者在忙於照顧老二而無暇顧及老大時，就可以提醒他：「你記得嗎？這個週六下午我們有單獨的約會。你能不能等我一會兒？那天下午，我們還可以聊聊現在你想聊的事情。」

當老大感覺自己在養育者心中有一席之地，或者養育者依舊能夠顧及他的種種需求時，他就會變得安定一些。他會知道，「即使老二來到了我的家中，我依舊是爸爸媽媽疼愛的那個孩子。」

養育者若是有智慧地支持老大調節與家中新生命有關的壞情緒，才能眞正有機會讓弟弟妹妹成爲老大生命中的禮物。

孩子恐懼或撒謊，怎麼辦？

當養育者發現孩子對於一些東西特別恐懼，或者在一些情境下撒謊的時候，內心的困惑、糾結、甚至害怕可能會和孩子一樣強烈：我是不是沒有給足孩子安全感，才讓他變得那麼恐懼或者開始撒謊？

其實恐懼和撒謊，對孩子而言經常是成長道路上的發展現象，並不全然是糟糕的。

讓我們先來談談恐懼感。

不同年齡階段的孩子都會出現不同狀態的恐懼感，比如六個月左右的嬰兒會在面對陌生人時突然大哭起來，出現「陌生人焦慮」的現象。養育者可能誤以爲孩子的性格不好、不合群，但其實這說明在那一刻，孩子大腦中的杏仁核正在發生一些變化（杏仁核主管與恐懼有關的情緒）。想像一下，一個人如果什麼都不害怕，他可能很快會活不下去，因爲自然界中就是有一些危險的東西是需要避開的。恐懼的情緒使人類得以繁衍到今天，而進化的過程讓大腦也相應保留了杏仁核這個部位，讓我們透過體驗到恐懼來好好保護自己。換句話說，一個孩子開始體驗恐懼，表示他的大腦發展進入到了一個新的階段。俗話說「無知者無畏」，很多時候恰恰是因爲孩子的認知能力發展了，他們才開始漸漸有了越來越多恐懼的東西。

等到了三、四歲的時候，孩子的恐懼變得和嬰兒期有所不同。三到六歲孩子身上也常見一些恐懼的表現，他們可能會害怕警察、巫婆、怪獸、黑暗、狗叫……。這個階段的恐懼，不少是源於孩子開始意識到了自己內心的攻擊性：他可能意識到自己很多時候會對周圍人有一些邪惡的想法。比如他可能很討厭某個小朋友，很討厭某個家人，很討厭某個老師，但是他又不會眞的把這些念頭變成具體的行動，而是可能會把想要去打別人、傷害別人的願望，在幻想層面放置到一些外在的物體上，比如一條吠叫的狗或者一個恐怖的怪獸都可以成爲他內心攻擊欲望的投射對象。換句話說，在那一刻，孩子雖然是因看到某些東西而恐懼，但他眞正害怕的是自己內心那些想要傷害他人的衝動。

養育者大可不必擔心孩子有這樣的攻擊性，因爲攻擊性也是人類繁衍必備的一種功能。正是因爲有了攻擊性，我們才可以把它轉化爲更加高級的表達方式，去創造一些目前沒有的東西，諸如科技、藝術、文學等領域的許多發展都是建立在攻擊性的基礎上。但是對三到六歲的孩子來說，他們需要經過一個比較漫長的過程來不斷練習如何與自己的攻擊性相處，並最終把攻擊性用建設性的方式昇華爲創造力。

如果說一個三歲的孩子一言不合就會動手，到了六歲的時候，這個孩子可能會說「我很生氣，很想打你」，可是他並不會眞的打人；而到了更大的年紀，比如八到十歲，孩子則會在表達憤怒之餘，和大家一起坐下來商量，尋找到一個方案來適應彼此的需要。在這些成長階段，養育者需要幫助孩子去發展出更多釋放自己內心攻擊性的方式，包括但不限於語言表達，還有玩遊戲、畫畫、創作等等。我們可以鼓勵孩子去思考，當他內心感受到這些攻擊性的時候，是否可以用一些建設性的方式去表達當下的需求。

孩子會慢慢意識到，與攻擊性有關的壞情緒本身並不會造成傷害，重要的是我們如何去表達它們。即使對很多成年人來說，這也是個不簡單的問題：在全然壓抑和徹底爆發之間，不少人並不知道還有哪些方式可以表達與攻擊性有關的壞情緒。這是一個和孩子共同成長的過程。

再來談談撒謊。

如果不在道德層面加以評判的話，對於孩子來說，撒謊簡直就是發展道路上逐漸形成的一種高級功能，其中包含了相應的語言表達能力、模仿能力、預測能力、甚至換位思考能力。

雖然撒謊是令人頭疼的，但是對有些年齡段的孩子來說，撒謊可能是在認知層面上分不清現實和願望所導致的結果。比如當一個四歲左右的孩子告訴你：「我沒有打破花瓶，是小貓打破的。」如果你確定事實並不是他說的那樣，就可以告訴孩子：「雖然你希望是小貓而不是自己打破了花瓶，可是爸爸看見花瓶的確是你不小心碰倒的。你的願望並不一定會因爲你把它說出來而變成眞的。」當養育者對孩子這樣表達時，是在進行一項非常重要的工作：幫助他區分現實與願望之間的界限。

如果在這個時候給孩子扣上撒謊的大帽子，他不僅會承受很大的道德壓力，更無法習得內心的想像和現實世界之間究竟有怎樣的區別。「澄清」在那一刻不僅是在面對孩子的壞情緒，也是在幫助孩子完成心智發展方面的功課。

當養育者可以帶著接納與智慧的態度，陪伴孩子度過這些撒謊、恐懼的時刻，孩子就會慢慢開始接納自己內心世界的各個部分，包括他的攻擊性以及他的幻想。孩子會逐漸意識到，擁有那些攻擊性和各種各樣天馬行空的想法並非危險的事情；一個人是可以把那些願望以很多種合理的方式實現的，比如寫文章、演講、繪畫、體育、玩耍等等，所謂「悲憤出詩人」正是描述了這樣的一些可能性。當一個孩子可以把恐懼、撒謊昇華爲接納與創造的時候，他的心智才眞正開始邁向成熟。

當然，無論是撒謊還是恐懼，如果孩子頻繁（一週出現不少於四次）或長期（超過一個月）出現這些行爲，且影響了正常的學習、人際關係和生活，就需向專業人士求助，找出是否有其他原因導致了這些行爲與壞情緒。

如何與孩子談論死亡？

每個孩子在成長過程中都或多或少需要面對「死亡」這個課題。他們對於死亡的概念有可能來自一個小動物的逝去，也有可能來自書籍、報章或影視作品；在一些更令人悲傷的情況下，孩子也有可能需要面對親朋好友的逝去，甚至是同齡人的離開。當孩子腦海中開始出現與死亡有關的概念時，他們無一例外都會感到恐懼與焦慮。而當這些壞情緒難以被表達時，孩子可能會以各種方式呈現他們對於死亡的複雜感覺——也許是情緒上敏感易怒、在需要和養育者分開時特別焦慮、晚上做噩夢、茶飯不思、尿床等等。

那麼當孩子開始對死亡有所感覺時，養育者如何幫助他們處理與死亡有關的壞情緒呢？在談論這個課題之前，養育者自己是怎樣看待死亡的，是一個非常重要的議題。

在人類歷史上，死亡一直是一個非常神祕的概念。從長生不老丹的傳說到現在的科學生物基因技術，我們一直試圖攻克死亡帶給我們的恐懼。即使如此，沒有人知道死後的世界究竟是怎樣的。這種對於死亡的不確定感，會讓養育者自身對於死亡有著各種各樣複雜的情感。對有些家庭來說，如果擁有一些宗教信仰或者一些文化上的觀念，死亡可能變成一個更容易理解的意象或概念。

如同和孩子談性一樣，當養育者和孩子談論死亡的時候，對孩子而言，最重要的是大人坦誠開放的態度。當孩子對於死亡有各種各樣的壞情緒時，他們需要感覺「大人們是願意和我談論這些話題的」。

養育者可以和孩子一起，坦誠地去面對對於死亡的無力感與焦慮感。告訴孩子：「當我像你這麼大的時候，也很害怕死亡。那個時候我不知道死亡意味著什麼，不知道死亡會不會帶走一些對我來說很重要的人。」讓孩子感受到自己的體驗是被父母所理解和看到的，至少他不是孤單一人在承受那樣的感覺。

養育者可以透過耐心傾聽，來瞭解孩子對死亡的眞正恐懼是什麼。對每個人來說，死亡所喚起的內心恐懼是不同的——有些人可能是疼痛，有的人可能是害怕摯友親朋的離開，有的人害怕死後那個未知的世界，也有人害怕失去眼前所擁有的美好一切等等。當孩子沒有辦法表達出他究竟害怕什麼的時候，養育者的解釋可能是徒勞的。有的孩子會說：「我不知道人死掉的時候是不是會流很多血，是不是會很痛。」當養育者能夠傾聽孩子這些具體害怕的東西時，才可以有針對性地去回答他們的問題，解答他們眞正的困惑。

養育者也可以用孩子能夠理解的方式去解釋什麼是死亡。

養育者並不需要用大量生動的描述去繪聲繪色地描述死亡，而是可以用一些理智化的方式幫助孩子從理性層面意識到死亡是不可避免的。

養育者可以這樣告訴孩子：「當一個人變得很老很老的時候，他的身體會逐漸停止運轉，那時他就會接近死亡。」或者也可以告訴孩子：「如果小兔子的身體裡有一些細菌或病毒沒辦法被藥殺死，這些細菌和病毒就會讓牠的身體停止運轉，因此小兔子會進入死亡的狀態。」

面對更大一些的孩子，我們還可以從自然科學的角度，幫助他理解死亡究竟是怎麼發生的。當孩子從理智化的層面對於死亡有了更多認識時，未知的恐懼會減輕很多。

養育者在和孩子談論死亡時，也需要做出一些力所能及的「承諾」。比如當孩子問「媽媽你會不會死？」時，我們可以回答他：「每一個人都會死，但我會到自己很老很老的時候才死去。那個時候的我可能已經老到連路都走不了，連飯都吃不下了。而那個時候的你，一定已經具有足夠多的能力可以好好地生活在世界上，也會有其他的人像我一樣愛你。」孩子會從養育者的回應中意識到，雖然死亡不可避免，但在某種程度上，它距離我們還有一段距離，孩子並不需要擔心每個眼前人都會突然消失。

有些時候，我們可以透過一些儀式去懷念逝去的人。比如帶孩子出席追悼會是一個非常重要的告別過程。一些家庭會因爲避諱死亡而避免讓孩子參加對於逝者的告別活動，這是不明智的，因爲這樣一來，孩子就沒有機會經歷一個儀式去意識到我眞的和這個人分開了，他可能會不斷地想：「那個人到底去哪裡了？爲什麼身邊沒有人願意向我解釋他去了哪裡？是不是周圍人都沒有能力去面對這件事？」

養育者可以透過各種各樣的方式去談論逝去的人。比如可以和孩子一起回顧相簿，一起回憶逝者的音容笑貌，並且告訴孩子：「他走了之後，我也很想念他。當我想念他時，會看看這些照片，回憶一下我們在一起的美好時光。」

當孩子面對重要家庭成員的故去時，可能出現一些退行的行為，這是他在面對生活壓力時所做出的調整。比如一些孩子在這個階段會對和養育者分離感到格外焦慮，會擔心大人出門後就再也不回來了。我們可以向孩子保證我們一定會按時回來，並且一定要做到。這些退行行爲一般會在三個月內自動消失。

養育者也可以試著在孩子的心目中，對死亡這個課題進行小小的昇華。可以和孩子分享歷史上人類爲了對抗死亡做出過多少努力，而這些努力帶來的結果又對當時的社會產生了怎樣的影響。可以鼓勵孩子：「人類對於死亡的探索還會一直繼續下去。如果你現在好好學習，未來你也有可能把延長人類的壽命作爲你的事業，這是非常了不起的事情。」

當孩子看到這些希望的時候，他對於死亡的壞情緒會變得更容易消化，也會在這樣的過程中慢慢建立起自己的價值觀與生命觀。

如何與孩子溝通離婚的決定？

變化是常態，人類社會的運行概莫能外。婚姻作爲人類文明的產物也有各種結束的方式，「直到死亡把我們分開」是世人最嚮往的一種，而由於其他一些原因提前結束婚姻，也早已是文明社會中的多元選擇之一。

很長一段時間裡，人們堅信離婚是個對孩子而言一無是處的選擇，並且當一些離異家庭的孩子出現行爲問題時，會被簡單粗暴地歸咎於家庭結構。然而，心理學家馬維斯・希斯林頓（Mavis Hetherington）關於離異家庭的縱向研究顯示，在父母離異後的第六年，75％的孩子已經克服了第一年時的壓力以及悲傷，並且各方面都運作正常，剩下那些25％的孩子有各種各樣的問題，而在來自完整家庭的孩子中，這些問題發生的比例是10％。希斯林頓博士得出結論：離異是一種高風險的情況，但並不一定總是對孩子們產生壞的影響。她強調，離異本身對於年幼孩子的發展以及父母養育孩子的能力所帶來的壞處，遠不如一段惡劣婚姻中的各種爭執和冷漠嚴重。對孩子而言，足夠好的婚姻「優於」足夠好的離婚「優於」糟糕的離婚「優於」糟糕的婚姻：在長期惡劣的婚姻關係裡，孩子往往成爲替罪羔羊，彷彿自己需要承擔起父母無法幸福的現實責任；而當父母既沒有能力也沒有勇氣去改變或終止一段糟糕的婚姻時，孩子也會和父母一樣體驗到持久的無力感，這對發展健康的自尊感及價值感是非常不利的。

「離婚究竟會對我的孩子產生怎樣的影響？」回答這個問題就如同回答「我的孩子到底在想什麼？」一樣，取決於許多個體化的因素，包括但不限於：孩子與父母之間的關係品質如何；孩子的個性及成長史是怎樣的；當家庭發生重大變化時，孩子能獲得多少支持性的資源，無論是物質還是精神上的；父母本身的人格結構是怎樣的，婚姻解體的時候，他們能在多大程度上陪伴、支持孩子走過最動盪的分離階段等等。在和父母一起探索這個問題之前，我通常會詢問：「當你提出這個問題時，內心有怎樣的感受？」探討這個問題通常讓父母可以坦誠內心的不安、自責與恐懼。無論是親朋好友還是專業人士，提供一個安全的時間與空間讓離異中的父母表達這部分情感是非常有必要的，如同他們也需要提供時間與空間給孩子表達這些情感一樣。父母自己能在多大程度上從離婚這一事件中恢復過來，重建離異後全新的父母效能體系，也是影響孩子們日後情感行爲發展的重要因素。我們要做的是停止給離異家庭的孩子貼上標籤，避免將其置於「自證預言」裡，以致阻礙其發展。身處人生重大變化中的父母也已經在體驗自責、內疚、焦慮、不安等情緒，除了幫助他們疏導這些情緒以外，還可以在合適的時候聚焦於當下擁有的力量，看看可以在哪些方面爲孩子們做出努力。

與孩子溝通離婚的決定對許多父母而言是困難的，有時甚至會用「爸爸/媽媽出差了」之類的虛假理由來回避談論家庭的變化。無論多小的孩子都會察覺到家庭中細微的關係調整，用簡單清晰的方式告知他們父母所做出的重大決定，在任何時候都是有必要的，這關乎親子關係中的信任感：「爸爸媽媽是否會向我隱瞞一些事實？爸爸媽媽是否相信我能面對這一切？如果爸爸媽媽自己都無法如實面對離異這個事實，我又該如何去面對呢？」另外，在父母離婚後的頭一年甚至更長的時間，不同年齡段的孩子會傾向把離婚的原因歸結到自己身上，並且幻想父母會復合，即使在理智層面知道那樣的家庭是充滿緊張與壓力的。精神科醫師朱蒂斯・沃勒斯坦（Judith Wallerstein）經由研究發現，孩子可能在父母離婚後長達十四、五年的時間裡，依舊渴望原生家庭的重組。

當需要開口和孩子正式談論離婚時，可以參考下面的表達方式：「我和你的爸爸/媽媽做了個重要的決定，如你所感受到的那樣，爸爸媽媽在過去經歷了各種各樣的爭吵與壓力，雖然我們嘗試過去努力面對和解決這些問題，但最終還是決定離婚，各自分開生活。爸爸/媽媽會搬去另一個地方住，但你每週還是有機會可以見到他/她。他/她一直在離你不遠的地方，當你想他/她的時候也可以打電話給他/她。這是爸爸媽媽經過多次討論後所做出的決定。不管家庭發生什麼變化，你一直都是我們最心愛的孩子，我們會一直愛你，也會尊重和支持你的爸爸/媽媽繼續愛你。對你而言，面對這樣的變化可能不是件容易的事情，我們希望能盡力陪伴你度過適應期，並且不管將來有什麼問題，爸爸媽媽總是在這裡。」

採取類似表達方式的原因是：

1. 將離婚這個決定「侷限」在兩個成年人之間，讓孩子感受到成年人為了這段婚姻也做出過努力，而不是讓孩子猜測自己是否需要對此承擔責任。
2. 用簡單清晰的方式解釋了何謂「離婚」，並且確認了孩子在這個過程中所體驗到的壓力，讓他感覺自己的感受是有被看見的。
3. 向孩子確認父母對他的愛不會因為離婚而發生改變，並且彼此會尊重對方去給予孩子足夠多的愛。
4. 用規律的儀式（定期探視），讓孩子對未來的新生活具有一定的可預測感與掌控感。
5. 不涉及對彼此的指責與埋怨，不過多談論離婚原因及財產分配、贍養責任等具體細節，除非透露那些資訊對孩子是有益的。

在離婚後的生活剛剛開始的階段，孩子可能會對「分離」格外敏感，彷彿擔心和自己生活在一起的家人也會離開他似的。在此期間，和孩子住在一起的父母需要在每次告別時都向孩子強調自己是會回來的，並且共情孩子的那些擔心——「你會不會因爲我不夠好而離開我？」每當孩子有這樣的感受時，父母都可以借此機會讓他知道，雖然有人離開了這段婚姻關係，但並不是所有的親密關係都會以這樣的方式終結。即使婚姻關係結束了，另一方對孩子的愛與責任依舊是延續著的，而沒有住在一起的另一方父母則需要格外遵守自己對孩子的承諾，探視時間的安排必須是清晰、可靠、準確的。平時缺席的那一方父母重新出現，會在很大程度上讓孩子相信自己並沒有被拋棄；如果因爲一些狀況無法按時抵達，也可以透過電話等方式告訴孩子自己仍記得約定，並且會盡力兌現承諾。

孩子也有可能在父母剛離異的時期對自己的行爲表現格外敏感，當自己表現不夠好時，會將此連結到父母的婚姻變化上，包括責備自己需對父母的婚姻解體負責。父母需要向孩子一遍又一遍地申明：「我們愛你，並且我們從來就不想離開你。雖然我們兩個成年人無法在一起生活，但我們都想和你在一起，不管你做什麼都不會改變這一點。」

不同年齡階段的人也會在面對重大變化與壓力時發生行爲退行，精神動力的解釋爲透過行爲退回到嬰兒狀態來積累足夠多的能量以適應壓力。退行的具體表現包括但不限於夜醒、尿床、厭食、黏人、情緒敏感易怒等等。當這些行爲上的倒退發生時，剛離異的父母很可能會爲此感到自責；然而硬幣的另一面是成長有陣痛，婚姻關係的變化是家庭系統中每個人都需要成長的關口，當孩子能夠在足夠好的支持下度過這段調整期，這些行爲變化也會相應消失。

無論專家們給出了多麼細緻的建議來把離婚對孩子的影響降到最低，當父母沒有處理好自己的內在世界時，任何建議執行起來可能都會是生硬而彆扭的。離婚會喚起成年人許多強烈的情緒：憎恨、憤怒、委屈、傷心、自卑、無力、恐懼……，這些情緒在離婚的當下需要有地方被容納，這樣父母在與孩子溝通離婚問題時才能最大程度傾聽到孩子當下的需求，也避免投射過多的負面情緒給本就壓力重重的孩子。情緒的容器可以是親朋好友，但談論婚姻破裂也會喚起周圍人潛在的焦慮感，有時甚至會給出讓本就困難的局面雪上加霜的反應和評斷。在這樣的時期，如果能與專業的諮商心理師開展工作將會是有益的，受過專業訓練的諮商師可以用客觀、中正、節制的立場來陪伴父母梳理這個過程中所發生的事情，重塑自尊感與價值感，並且讓父母準備好用相對平和的心態去和孩子談論離婚。

父母需要記住的是，孩子看到父母彼此之間流露出憎恨與強烈的攻擊性，對他們而言是難以消化的場景，這樣的場景會讓孩子內心植入一段潛臺詞：「如果我做得不夠好，爸爸/媽媽也會這樣討厭我、甚至離開我，所以我必須成爲一個完美的孩子。」在多寶家庭裡，面對父母的離異，老大有時會不自覺地被置於一個「替代爸爸/媽媽」的角色，但這樣並不公平。即使年齡較大，但孩子終究是孩子，他也需要時間去消化父母離異的事實，並且和較小的孩子一樣需要被允許退行。

當父母離異之後，周圍的家庭社會關係都會成爲孩子重要的支持，比如祖父母，他們不僅可以幫助孩子去理解婚姻破裂這件事情，更因爲其存在而讓孩子的生活裡有了不變的、可信賴的、充滿關懷的關係。與孩子住在一起的一方父母也需要調整自己對於親家父母的感覺，以尊重孩子對於一個家庭的需要。

要注意的是，除了支持性的關係之外，也需要避免周圍人在此時對孩子出現溺愛的情況：在整個家庭結構發生調整之際，有時候孩子會鑽不同訓育方式的漏洞，透過表達「爺爺奶奶不會對我有這樣的要求」，使需要對其實施訓育的父母感覺糟糕和惱火。然而越是在動盪的時候，清晰穩定的界限對孩子而言越意味著安全感，父母需要和其他重要照護者坐下來聊聊，究竟怎樣的方式在當下對孩子是最有利的。在動盪時期，孩子需要感覺能尋找到自己的界限，而充滿尊重的管教會成爲其安全感的來源。

近年來，離異家庭的數量並非少數，透過閱讀書籍和結識一些有類似背景的父母，也許會幫助各方更快重建新生活，讓孩子和另一些離異家庭的孩子玩耍交流，也有助於他們尋找到更多的力量，而父母也終將開始自己的新生活。

離異並不等於單親，對孩子而言，即使父母的婚姻解體，他依舊可以擁有兩份親情。父母需要面對現實與壓力，保持傾聽與開放，並且最重要的是，相信自己的孩子終究能夠從這樣一段經歷中尋找到意義與力量，不時認可他爲了適應新生活所作出的努力，不間斷地給予愛、尊重與清晰的界限，這些是養育者無論經歷怎樣的變化都可以去做的。

如何幫孩子學會「失去」這門必修課？

大部分時候，當養育者面對一個正在經歷壞情緒的孩子時，很自然的反應就是「寶寶別哭」。雖然這樣的安慰經常無濟於事，但幾乎每一位養育者都希望孩子在成長過程中可以快快樂樂的，永遠不要經歷任何悲傷與痛苦。可惜這只是一個美好的願望而已。

即使是小嬰兒也會察覺到環境當中各種各樣的暗流湧動：養育者的變化，環境的切換，養育者之間人際關係的品質……。哪怕是在一些孩子不滿一歲的家庭中，當家庭正在經歷重大考驗與變化（比如主要成員生病、離異、死亡等等）時，孩子也往往會感知到周圍人情緒的不安，自己的情感與行爲也會相應出現各種變化。也許一個早就不需要穿尿布的孩子又開始尿床了，或者一個孩子可能會在搬家之後經歷情緒動盪的時期。退行讓孩子有空間和時間去積累各種新的「力氣」，去面對生活當中這些可大可小的「失去」❶。

每個孩子的成長過程中都可能會爲了很小的事情而感覺悲傷委屈，哪怕那些事情在大人的世界裡不值一提。比如當孩子丟失了自己心愛的玩具，或者找不到在社區裡撿的某片葉子，他可能就會大哭大鬧，壞情緒大爆發。雖然孩子成長中會逐步發展出更成熟的情緒調節功能，但即使到了學齡期，孩子也會經歷各種各樣悲傷委屈的事情，也許是感覺被老師冤枉了，也許是爸爸媽媽又有了一個孩子，在這些情境中，各種複雜的情緒會湧上心頭。

孩子體驗到悲傷和委屈，背後經常有一句潛臺詞：「我不想失去眼前這一切。」幾乎所有悲傷和委屈都是和「失去」這個過程連結在一起的。即使有些孩子看起來並沒有那麼悲傷，而可能會表現得很憤怒，可能經常會大吵大鬧，這些壞情緒背後都是與「失去」有關的體驗。

「失去」會勾起每個人作為嬰兒時的一些感覺。對嬰兒而言，有一個非常重要的認知發展里程碑是意識到「客體恆久性」，這是指一個人能夠意識到，即使一些東西不見了，它們還是以某種形式存在著。比如當你把一個小球用毯子蓋住，嬰兒會本能地覺得球消失了；但是當發展出客體恆久性概念時，他會知道即使毯子蓋住了球，球還是在下面的。

這樣一個小小的認知特點對孩子的發展有著非凡的意義。它讓孩子在去幼稚園時知道，「即使我看不見媽媽了，媽媽還是存在的。」而客體恆久性發展並不完善的孩子就會覺得，如果一樣東西看不到了，那就是徹底消失了。

如果我們回顧這樣的一個心理發展歷程，就不難理解，當孩子在生活中眞的失去一些東西且它們再也回不來時，那對他而言是多麼大的一種心理衝擊，這彷彿是

❶詳見第二章。

攻擊了他人生中最基本的一個信仰，亦即「如果一樣東西我看不見了，它還是存在的」。比如當一個孩子失去長輩時，他可能會發現自己是眞的再也見不到他了，卻意識不到那些曾經有過的愛與溫暖仍會以某種形式在生命中延續下去。

學會「失去」是人生的必修課，但在學校裡並沒有一門課去教會我們如何面對「失去」。當孩子在養育者的支持下面對「失去」時，他們可以從中獲得受益終身的東西：「失去」時的壞情緒雖然非常強烈，但不管大人還是小孩，都可以在富有愛意的支持下消化與接受那些「失去」。有些時候，「失去」甚至會昇華成別的東西，比如一個早早失去患病母親的孩子長大後成爲醫生。孩子在經歷這些壞情緒的過程中會逐步意識到，「失去」並不總是意味著結束，在「失去」一些東西的同時，又會得到新的認知與成長，而與此同時，有些事情則會持續很久，比如來自養育者的愛。

養育者如何可以在孩子經歷「失去」時幫助他們面對這些壞情緒，建立起面對人生無常變化的底氣呢？

首先，當孩子經歷與「失去」有關的壞情緒時，養育者自己需要先面對那些與「失去」有關的體驗。這句話說起來很容易，做起來卻不簡單。即使當我們自己經歷悲傷委屈的時候，也會本能地想要逃開、甚至否認它們的存在❷。不少養育者在面對孩子的壞情緒與淚水時會說「不要哭」，但其實孩子在哭的時候，恰恰是在眞實有力地表達悲傷和委屈。也許可以把「不要哭」轉換成另一種表達，試著告訴孩子：「看到你哭的時候我也很心疼，你一定非常難過。」這樣簡單的表達就足以讓孩子知道自己並非獨自面對悲傷的體驗，養育者並未幻想迅速「擦除」那些面對「失去」時自然而然流露的情感。

年齡比較大、已經具備語言能力的孩子可能會說：「我心裡不高興。」這個時候，養育者可以試著溫和而好奇地去瞭解不高興的背後究竟是什麼。同樣是弄丟了一樣東西，每個孩子可能都有不同的壞情緒——有的孩子是內疚：他會覺得「這個

---

❷詳見第三章。

東西是爸爸媽媽買給我的，如果我把它弄丟了，似乎對不起爸爸媽媽」；有的孩子會感覺非常害怕：「我弄丟了這樣東西，明天去學校會被老師責罰嗎？」；也有的孩子會很捨不得：那可能是他最心愛的一樣東西，丟失了找不回來，真的很心疼。如果不能傾聽孩子不開心背後具體的原因，就無法真正聚焦於孩子的壞情緒。

養育者也可以發揮創造力，用不同的方式去鼓勵孩子表達自己的壞情緒，比如可以問問孩子：「如果你看到一個小朋友和你一樣難過，你會對這個小朋友說些什麼呢？」或者：「你現在身體上有沒有哪裡特別不舒服？如果有的話，你覺得這個部位想對你說些什麼？」雖然這樣的問詢方式未必適合每個孩子，但當孩子感受到養育者對自己的關切時，至少就更有底氣去面對與「失去」有關的壞情緒。

無論養育者覺得自己的安慰技巧多麼到位，都要允許孩子有足夠的時間和空間難過一會兒，這樣的過程可以幫助孩子自然緩解「失去」的痛苦，去回憶與反思過去的點點滴滴，從而更珍惜以後的時光。與「失去」有關的悲傷並非一無是處，而是能讓孩子暫時休息一會兒，積累更多的能量去面對未來的生活，把「失去」昇華爲新的成長動力。

第二，養育者和孩子一起面對「失去」的事實很重要。

在面對「失去」的時候，人會本能地想要逃避現實。比如一樣東西丟了，它可能眞的找不回來，但當養育者自己無法面對這個事實時，可能會用緩兵之計之類的方式告訴孩子「明天早上你會找到的」，或是「爸爸媽媽再給你買一個」。如果養育者的承諾無法兌現，那麼對孩子而言，這些藉口就變成了欺騙，在這樣的過程中失去孩子的信任是得不償失的。

孩子的現實功能，很大一部分來自養育者能在多大程度上正視現實。比如當家中再度迎來新生命時，養育者難免會有難以分配精力的感受，如果斷然否認這些事實，不斷試圖否定孩子被冷落的體驗，那麼可能就失去了共同面對壞情緒的情感基石。我們在看到事實的同時，可以試著去承認每個人都有自己的侷限，比如告訴孩子：「我並沒有魔法可以把你丟失的東西變回來」，或者：「我沒有辦法把一天變成四十八小時，那樣就可以既有很多時間陪你，也有很多時間陪弟弟妹妹。」

承認侷限和現實的過程經常會令人感覺無力，但其實在面對現實之後，就有了更多空間去思考可以做些什麼。

第三，讓孩子有機會好好與失去的東西說再見，是一個有意義的過程。

經常會遇到一些養育者問我：「如果家裡有重要的成員去世，是否要讓孩子去參加追悼會？」這種糾結除了有文化習俗方面的原因之外，很多時候是因為我們自己都處理不好自己心裡的焦慮，因此會覺得孩子也無法面對。但對於孩子來說，爲了穩固他們的客體恆久性概念，我們有時需要給他們機會，好讓他們明白「失去的東西去了哪裡」；有時追悼的儀式能幫助孩子在心理上完成告別。

也許我們可以透過各種方式讓孩子再也不去提及「失去」，但他的內心始終是有困惑的：家中的那個長輩去了哪裡？我的小玩具找不到了，它到底在哪裡？即使是丟失了玩具，我們也可以告訴孩子：「我們眞的找不回它了，我們現在在心裡和它說拜拜好嗎？」這個過程是在幫助孩子區分現實和自己的願望。孩子會意識到現實當中，「失去」眞的是發生了。而當他承認這樣的事實時，才會把注意力聚焦到

「如何過好以後的日子」。

第四，在孩子經歷與「失去」有關的壞情緒時，幫助他們重建生活的秩序感與可控感很重要。

比如在經歷「失去」的階段，養育者可以像在孩子小時候那樣，每次分別時都認眞地打招呼話別，比如對孩子說「爸爸媽媽去上班嘍，我今天六點之前一定會回家」，以及在日常生活中明確進行各項活動的時間、規律作息等等，這些方式能幫助孩子恢復對於生活以及周圍關係的可預測感。孩子會逐漸意識到，雖然有一些東西是會失去的，但另一些東西還在那裡。當養育者對孩子做出各種承諾時，要傾盡全力去實現。對孩子而言，穩定感與信任感都是面對「失去」時的靈丹妙藥。

第五，和孩子一起去探索「失去」背後需要繼續被滿足的需求，並且一起思考可以透過哪些方式來滿足這些合理的需求。

比如當孩子因爲弄丟了一個自己從小到大最喜歡的玩具熊而陷入壞情緒時，在充分進行了上述四項溝通之後，我們可以與孩子探討：「這隻玩具熊對你而言究竟意味著什麼？」如果玩具熊起到的是安撫作用，那麼是否可以透過其他的方式也達到這一目的？比如等孩子情緒平復些之後，是否願意週末一起去挑一隻新的玩具熊？

必須避免越俎代庖代替孩子做決定，盲目地壓抑這些「失去」帶給他的難過。千萬不要說「你已經這麼大了，不再需要玩具熊了，這樣實在是太丟臉了」。這樣的表達會讓孩子覺得非常委屈，感覺自己眞實的需求被爸媽所忽略了，可能會感覺非常孤獨，「失去」所帶來的壞情緒也可能因此而變得越來越糟糕。如果養育者無視孩子的需求，以爲孩子不會爲這些小事而介意，孩子就失去了眞正地審視與照顧自己情緒的機會。

每個孩子都是一個小小的哲學家，他們在面對失去、甚至死亡時所展露出的智慧，經常會令很多大人感到驚歎。養育者能夠好好陪伴孩子度過與「失去」有關的壞情緒，也是在向孩子示範如何尊重和關愛自己的感受，即使那些感受是「壞」的。

如何幫助慢熟、糾結的孩子說出「我可以」？

即使是即將上小學的大孩子，也依舊會有一些慢熟、糾結的時候。在面對新環境、新活動、新同學時，一些孩子的反應並不如養育者所願，他們可能看起來充滿了退縮與懷疑，這種狀態會讓養育者更加著急：我的孩子是不如別家孩子嗎？孩子看起來膽子小，是不是在教養過程中出了什麼問題？

養育者都希望孩子可以擁有強大的自尊、自信去獨立面對各種新挑戰或新事物，希望孩子在進入新環境時，能夠大聲地說「讓我來試試」。但是每個孩子與新事物建立連結的方式本就是不同的，而當相對慢熟的孩子承受來自環境及養育者的雙重壓力時，壞情緒就會如影隨形。

當孩子在經歷這樣的過程時，他的內心會有一句潛臺詞：「如果我去做了，那會怎樣？」這樣的一個小問題在我們看來似乎很簡單，但對於孩子來說可能會幻想出無數種可能性，最終使他懷疑、糾結、止步不前。

孩子感覺自己難以去嘗試一件新事物的原因，有時可能和我們想的並不一樣。

我們可能以爲孩子不去做是因爲害怕自己做得不夠好，但也許對孩子來說，讓他害怕擔心的地方或許是養育者意識不到的，比如曾有孩子告訴我，他之所以不想嘗試游泳，是因爲他覺得把腳放進冰冷的水裡非常不舒服。這位孩子的爸爸後來給孩子買了一雙溯溪鞋，讓孩子先穿著溯溪鞋去玩水，這種做法一方面讓孩子以自己舒服的方式與水建立起了連結，另一方面也讓孩子感受到自己的壞情緒是被養育者所尊重的。一週後，孩子就開開心心下水和大家一起上游泳課了。即使是諮商心理師也未必能想到其中緣由，某種程度上，當孩子有機會言說自己的眞實感受時，就有了一些空間去爲他們做些或者不做些什麼。

在另一些時候，孩子可能會把在其他地方和養育者結下的「梁子」，帶到當下的情境中。比如有的孩子在練琴的過程中被父母粗暴地責備過，那麼當他在嘗試一項新的學習內容時，可能會很擔心自己做得不夠好，又要被爸爸媽媽責備，因而拖延了嘗試新事物的腳步。

孩子止步不前的背後，有時也許是在擔心養育者是否能接受其「不會」「不好」

的樣子。在這種情況下，養育者一方面可以在生活中有針對性地認可孩子點點滴滴的進步，一方面也可以自己去嘗試一些新的東西，比如學習如何溜滑板，讓孩子有機會在這樣的過程中觀察一個大人是如何在嘗試新事物的過程坦然面對自己的「不會」的。

也有一些孩子可能會因爲分離焦慮而拒絕去做一些新的嘗試。比如當家裡有親屬去世的時候，有些孩子到陌生環境時會顯得格外敏感，會不願意脫離養育者去嘗試新的東西。在這些暫時性的壓力情境下，孩子更需要在熟悉的體驗中去蓄積能量，而不是在新領域開疆拓土。養育者越是可以耐心應對孩子暫時的行爲退行，就越會見證孩子如何從中汲取到新的朝前發展的力量。

要幫助一個慢熟、糾結的孩子從壞情緒中發展出「我可以」的底氣，養育者可以試著從以下四條原則入手：

第一條聽起來有些違反直覺：當孩子在經歷慢熟、糾結的時候，養育者先不要急著去改變他當下的狀態，而是讓孩子感覺到一種安定感——「即使我在旁邊遲疑

一會兒，糾結一會兒，也不會被嫌棄或懲罰。」「後方」安穩了，孩子才能安心向前走。

一些孩子自動會經由不同的方式「吸收」周圍正在發生的新事物，比如帶孩子去進行一項新的體育運動——到一個攀岩館或者報名籃球課，有的孩子可能在頭幾堂課都會選擇旁觀而不是參與。在養育者看來，慢熟、糾結的孩子可能在思考要不要加入，但與此同時，孩子也可能正像一塊海綿似地在不斷吸收著新的資訊。而當他感覺自己準備好、能夠真的去行動的時候，所表現出來的狀態會讓所有人都大吃一驚——原來他早就會了！

即使孩子並沒有「不鳴則已，一鳴驚人」，當養育者能充分允許孩子用熟悉的節奏去接觸新事物時，孩子的自我效能感也會進一步增強，而他們對於自己學習能力的自信，也會鼓勵他們嘗試用更多不同的方式去進行學習。一個在當下更習慣於透過觀察去進行學習的孩子，可能會在累積很多自信心與自尊感之後，開始嘗試用更加積極的方式參與各種活動。

有意思的是，我發現一些六歲以前總體而言慢熟、糾結的孩子，倘若可以在養育者的支持下擁有足夠多的觀察探索空間，他們在進入小學後往往會在適應新環境後爆發出很大的潛力，他們似乎更有內在驅動力去以自己的節奏探索世界。

養育者面對孩子慢熟、糾結的第二條原則，是要和孩子難以言說的原因「待在一起」，去看看孩子慢熟、糾結的背後是否有一些與「關係」有關的原因。

也許養育者可以引導孩子進行這樣的表達：「當你想到自己要參與的時候，有什麼你擔心的狀況嗎？」有時候，相較於要求孩子不情不願快速融入一個情境，提出一個問題會讓孩子感覺到有一些空間去談論內心不安的部分。有的孩子可能會說：「我擔心自己做得不夠好，你會責備我」，或者「我擔心被小朋友笑」，抑或是「我擔心會摔倒，那會很痛」。

針對孩子不同的顧慮，養育者可以相應給予不同程度的支持與澄清。比如在一些情況下去修補和孩子的關係，可以對孩子說：「也許上一次爸爸因爲很著急，所以在你沒彈好琴的時候罵了你，但事後爸爸自己也覺得這樣很不好。你已經非常努力了，而我需要看到你努力與進步的部分。希望你可以原諒爸爸那一次的衝動。我非常鼓勵你此刻去嘗試一下新的東西，無論你做得好或不好，你都是我最愛的寶貝。」

有時候也許可以幫助孩子換位思考，比如詢問孩子：「如果班上小朋友學不會這項技能，你會怎麼看待對方呢？」不少擔心被其他孩子嘲笑的孩子會慢慢意識到，如果因爲不會一些東西而被嘲弄，這並不是他們自己的問題。在團體環境中對他人友善是基本的相處前提，他們無須透過擅長一些東西來博取他人的尊重。

在現實層面而非心理層面去支持孩子嘗試新的事物也是重要的，比如當一個孩子戰戰兢兢去學滑雪時，事先和孩子一起挑選喜愛的護具，可以幫助孩子在面對未知與不可控時多一些主觀能動性❸與可控感，去感受到自己的焦慮是被養育者看見與呵護的，從而有更多心理底氣去應對挑戰，去承受嘗試新事物過程中可能遇到的波折。孩子可以逐漸在一次次的嘗試中獲得更強的自尊與自信。

養育者在面對慢熟、糾結的孩子時可以做到的第三條原則，是創造機會讓孩子

觀察大人們是如何應對新事物的，或者與孩子一起合作去面對一些新的領域。比如可以全家一起去嘗試一項大家都不會的體育運動。當孩子和大人們一起經歷與消化對於新事物的不習慣、不適應時，他們也將有機會去觀察與模仿養育者在面對未知、焦慮時的處理方式。有時候，養育者在面對新事物時適當地在孩子面前出出醜，和孩子一起正視自己的錯誤，放聲大笑一下，這樣的體驗也可以讓孩子放鬆一些，減輕嘗試新事物時的焦慮感和挫敗感。

而當養育者觀察到孩子眞的在爲跨出舒適區做出一些努力時，一定要給予合適的鼓勵，比如告訴孩子：「我注意到你非常勇敢地去嘗試了這項新的活動，無論結果如何，你可以爲自己跨出這樣一步，非常令人爲你開心。」

最後一條但也非常重要的原則是，面對一個慢熟、糾結的孩子，養育者要永遠允許他們有「退回來」的空間。

❸編注：主觀能動性意指人感覺到自己有自主選擇和決定的力量。

正如本書第二章所提到的，當孩子進入一個新的環境或嘗試新事物時，難免會有壓力很大的時刻。在這些壓力很大的時刻，孩子可能會無意識地想要退回到一個小寶寶的狀態，會想要自己先在旁邊糾結一會兒、觀察一會兒，這些都是可以被接受的。有的孩子在剛上小學時會有短暫的不適應期，會像剛上幼稚園那樣，回家時出現各種行爲上的倒退，比如夜醒變多、挑食、易怒等等，這些變化都是暫時的，一般會在二至四週內自動消失。如果養育者能給予充分的時間與空間讓孩子經歷行爲的倒退，這個階段很快就會過去，而慢熟、糾結也會在一次次操練與嘗試中，最終昇華爲自尊和自信。

心理諮商室對一些孩子來說也是陌生與未知的，來到心理諮商室的孩子中，有不少會在慢熟、糾結中開始探索與我的工作節奏。在這個過程中，我也幾乎會遵循上述四條原則來與孩子建立關係：接受孩子的「慢熟期」，持續探索「弦外之音」，與孩子一起去冒險「犯錯」，接受孩子有需要「退回來」一些的時刻。即使是一開始極其膽小羞怯的孩子，也可以在這四條原則的支持下以自己的節奏與風格去探索新事物。養育者在面對孩子與慢熟、糾結有關的壞情緒時，也許可以借鑑這些經驗。

當孩子被欺負時，如何鼓勵他主動思考與應對？

孩子漸漸長大，進入更爲複雜而眞實的世界，也意味著他逐步走出照護者精心營造出的「粉紅泡泡」：孩子很快會意識到，世界上並不是所有人都會像家人那樣呵護他們。不少孩子也許很早就會在一些遊樂場裡經歷其他同齡人的「入侵」，比如被搶玩具，甚至經歷語言暴力。這會讓孩子心裡很不好受，照護者也會在當下經歷非常矛盾的體驗，比如當孩子被打時，是該教孩子打回去，還是選擇讓孩子離開？

孩子被欺負的經歷經常會啓動照護者自己的一些陳年記憶：大人們可能會無意識地想起自己小時候是怎樣被別人欺負的，而當時的自己又是怎樣進行各種各樣的回應或忍耐。回憶這些部分會帶來各種各樣的體驗：有的大人可能會希望孩子不要像自己當年一樣忍讓，要學會打回去；有的大人會體驗到當年那種無力感，下意識想要回避，不知道怎樣幫助孩子去面對這樣的局面。

照護者誠實面對自己的內心反應是非常重要的，不妨思考一下：如果可以穿越時空回到童年，在被別人欺負時，我們會希望自己的爸爸媽媽說些或者做些什麼呢？

哪怕一時之間沒有特別清晰的想像，可以確定的一點是，孩子無論在經歷著怎樣的壞情緒，知道這些壞情緒能被大人們「看見」是很重要的，這樣他至少就不是獨自在承擔那些難受的體驗。這一點可以透過幫助孩子命名當下正在經歷的情緒體驗來實現，比如：「你很想和那個小朋友玩，但那個小朋友卻不跟你玩，這真是太讓人傷心了。」或者：「玩得好好的就被插隊了，眞讓人生氣。」很多時候，僅僅是用平實的語言描繪出孩子經歷了什麼以及當下的情緒體驗可能是怎樣的，就已經具有一定的安撫作用，因爲這會傳遞給孩子一個簡單而重要的訊息：「大人們已經看到我的難處了。」

有些孩子在感受到周圍人的情感支持時，會有能力自己想出一些辦法來應對狀況。比如當一個孩子抱怨某位朋友搞小圈圈不理自己，也許在接收到來自周圍大人的情感支持時，就能夠自我鼓勵說：「是啊，我又沒做錯什麼，大不了明天我找別人玩。」但有些孩子可能一時想不到該怎麼辦，在這種情況下，大人不妨先和孩子講講自己小時候有類似經歷時的體驗與故事，鼓勵孩子就故事本身去展開一些思考，比如：「如果你是當年的我，會選擇說什麼、做什麼？」有時候孩子思考自己的問題會覺得很焦慮，但思考別人的問題時會放鬆一些，透過這樣的方式，我們也有機會幫助孩子看到在當下的情境也許能做些或者不做些什麼。

當語言能力發展良好的孩子經歷壞情緒時，我也會非常鼓勵照護者在孩子的情緒平復下來之後，嘗試和孩子一起去經歷「心智化」的思考過程，也就是透過換位思考去討論當時到底發生了什麼。比如當孩子經歷了其他孩子的言語羞辱時，除了明確告訴孩子沒有人可以用這樣的方式對待他之外，也可以問問孩子：「你覺得他那一刻爲什麼要這樣對待你？」我們可以幫助孩子看到，許多以暴力對待他人的孩子，其內心經常感覺（自己）弱小與恐懼。他們無法承受那些讓自己感覺弱小的體驗，以至於要用欺負別人的方式來回避那些感受，或者讓別人體驗這些弱小的感覺。此外，我們也可以幫助孩子意識到，有許多欺負他人的孩子，自己很可能有不少被欺負的體驗。在幫助孩子去進行思考的時候，也需要非常清晰地傳遞一個訊息給孩子，那就是「被欺負並不是你的錯，無論兩人之間有怎樣的衝突，用言語或行爲去暴力對待他人都是很糟糕的」。當大人可以清楚地表達這一點時，孩子就更有能力在一個安全的框架內去進行思考。

面對日漸長大的孩子，尤其在他們面臨越發複雜的人際關係衝突時，養育者不妨試著後退一步，鼓勵孩子去進行更多主動、積極的思考，比如可以告訴孩子：「雖然被孤立不是你的錯，但我們依舊可以一起思考如何更好地保護你自己。」當家長搶先一步主動「教孩子」怎麼做時，背後的潛臺詞是「你自己處理不了，我必須教你」。但當留出空間啓發孩子主動去思考問題的答案時，這便是在鼓勵孩子「你是有能力去處理這種局面的」。

照護者也需要注意的一點是，孩子正常發展的過程中，必然會在不同人生階段經歷大大小小的人際衝突，讓孩子在可以容忍的範圍內去經歷這些衝突並不是壞事，不用過度保護。這個「不用過度保護」是指孩子在和同齡人的交往中，很多時候有能力自己去處理一些比較輕微的衝突，只要不是危害身心安全的狀況，不妨讓孩子試著自己去解決與面對。如果大人每次都擋在一個弱小的孩子面前，某種程度上是在無意識層面告訴孩子：「你是沒有能力保護你自己的。」這樣的心理標籤一旦固化，孩子就會用一種「我無法保護自己」的人際交往模式去與周圍人建立關係，反而更容易變成團體中被欺負的人。

在一些有兩個孩子的家庭中，兩個孩子之間的差異可能會導致一方孩子經常被欺負。這時如果爸爸媽媽過度干涉，可能會對他們雙方的成長都造成影響：一方成爲「小霸王」，另一方成爲「受害者」。也許可以嘗試對孩子們說：「你們爲了一個玩具而大打出手，我不允許你們互相傷害。我會保管這個玩具，直到你們可以商量出一種方式，讓彼此都能接受，並且不再打架。」把制定規則的過程留給孩子，久而久之，他們就會更有自信去面對日益複雜的關係局面。

在另外一些情況下，一些孩子被欺負後，壞情緒的表現並不是大哭大鬧，而是格外回避或沉默。孩子不願意和爸爸媽媽溝通被欺負的過程，原因可能很多，有些時候孩子羞於談論這一部分，因爲那可能會讓他感覺自己是弱小的；也有些時候他們會擔心爸爸媽媽做出一些激烈的舉動使他難堪，比如帶著他去找那個肇事的小朋友並跟他理論。當孩子被欺負時，養育者難免會焦躁，但在那一刻，繼續保持傾聽孩子的態度是重要的，我們需要讓孩子體驗到情緒層面上的安全，讓孩子充分相信在家庭內部有空間去自由表達自己正在經歷什麼，並且知道自己是有家人相挺的。

如果一個孩子不管在怎樣的環境下都容易成爲被欺負的對象，那麼養育者也可以觀察一下自己在家裡與孩子互動的方式，比如是否給孩子留有足夠空間，讓他爲自己做決定，而不是遵從大人給他的一切設定。

當一個孩子內心充滿力量與自信的時候，那些愛欺負人的孩子往往不敢去欺負他。如果一個孩子平時在生活當中就沒什麼機會對爸爸媽媽說「不」，這種關係模式會被無意識地「移植」到團體環境中，以致孩子更容易成爲被控制、被壓制的人，並且很難在那樣的情境下說「不」。有些孩子可能因爲缺乏這種對他人說「不」的能力，而白白當了很多年的受害者。一些養育者百思不得其解，自己的孩子什麼都好，爲什麼大家都要欺負他？也許這正是一個訊號，讓人有機會去反思教養關係中究竟發生了什麼。

當這些缺乏可以被看到時，孩子被欺負時的壞情緒就轉化爲一種共同成長的契機，雖然被欺負令人氣惱，但在充滿愛意、智慧與勇氣的關懷下，孩子可以經由這類事件發展出更多的內心力量，有更多經驗去面對人際關係中的衝突。這種能力對於他們未來走向青春期是至關重要的。

● 問題1：大的要讓著小的嗎？

答：如果養育者把「讓著老二」視為一種道德標準去要求老大，可能會讓老大更加反感。如果希望老大能給予同胞手足愛與尊重，那麼首先需要讓老大體驗到養育者對他的愛與尊重。

● 問題2：孩子有攻擊性和各種各樣天馬行空的想法，是危險的事情嗎？

答：當養育者可以帶著接納與智慧的態度陪伴孩子度過撒謊、恐懼的時刻，他們就會慢慢開始接納自己內心世界的種種部分，包括他的攻擊性以及他的幻想。孩子會逐漸意識到，擁有那些攻擊性和各種各樣天馬行空的想法並非危險的事情。一個人是可以把那些願望以很多種合理的方式實現的，比如寫文章、演講、繪畫、體育、玩耍等等，所謂「悲憤出詩人」正是描述了這樣的一些可能性。

● **問題3：當孩子問「人會不會死？」的時候，父母該如何應對？**

答：養育者在和孩子談論死亡時，需要做出一些力所能及的「承諾」。比如當孩子問「媽媽你會不會死？」時，我們可以回答他：「每一個人都會死，但我會到自己很老很老的時候才死去。那個時候的我可能已經老到連路都走不了，連飯都吃不下了。而那個時候的你，一定已經具有足夠多的能力，可以好好地生活在世界上，也會有其他的人像我一樣愛你。」

●問題4：在面對新環境、新活動、新同學時，孩子總是止步不前，是出了什麼問題嗎？

答：孩子止步不前的背後，有時也許是在擔心養育者是否能接受其「不會」「不好」的樣子。在這種情況下，養育者一方面可以在生活中有針對性地認可孩子點點滴滴的進步，一方面也可以自己去嘗試一些新的東西，比如學習如何溜滑板，讓孩子有機會在這樣的過程中觀察一個大人是如何在嘗試新事物的過程坦然面對自己的「不會」的。

第七章

用充滿愛意與智慧的關懷，陪伴孩子從小世界走向大世界

如何幫助「不思進取」的孩子重構內在驅動力？

孩子漸漸長大，養育者的期待也會隨之增長：到了孩子六歲以後，大部分養育者都會期待孩子表現出對學習的熱情與自律。雖然有極少比例的孩子似乎天生就內在驅動力強勁或開竅較早，但大部分的孩子似乎會讓養育者懷疑：我的孩子真的不思進取嗎？比如有的孩子不肯練琴、寫字，或即使不情不願做了這些事情也只是草率完成，像是在和大人作對似的；也有一些孩子會在與學習有關的事情上撒謊，明明沒有完成任務，卻想瞞天過海，被拆穿後便惱羞成怒；還有一些孩子會開始和大人頂嘴，用執拗拒絕的態度面對作業與練習。

「沒有一個孩子不想成為好孩子」，這是我和許多孩子在心理諮商室裡進行深度溝通後的心得。換句話說，當一個孩子看似對「不思進取」心安理得的時候，也許背後有一些更深層次的原因值得探索。

首先，許多孩子的「不思進取」與年齡階段有關。對於一個六歲左右的孩子來說，能靜心寫字五到十分鐘已經是很不錯的專注力表現了。在這個年齡段，那些看似能一、兩個小時學習操練某項技能的孩子，要麼是發自內心的熱愛，要麼是有一些別的外在因素使他們能做到這一點，比如爲了得到物質獎勵，或者出於對養育者的恐懼或討好，但這些因素都會讓孩子付出某種形式的心理代價，並不是眞正的內在驅動力。當孩子的壞情緒與內在驅動力有關時，養育者不妨先自問一下：我對孩子的期待是他在這個年齡段能自發做到的嗎？

其次，**當一個孩子正疲於應付很多更消耗精力的事情時，也有可能出現與「不思進取」有關的壞情緒**。一個成年人在身體不適或者有許多煩心事的時候都難以啓動或完成各種任務，孩子就更不用說了。一些孩子會在家庭成員彼此之間關係緊張時學習狀態不佳，也有可能在自己身體不適時無法調整到良好的學習狀態。我並沒有查閱過相關的學術研究資料，但是在和一些「看似」不思進取的孩子工作的過程中，我發現他們當中大部分人都有嚴重且長期的過敏性鼻炎，而我猜測過敏性鼻炎在某種程度上會讓孩子經常處於大腦缺氧的狀態，進而導致分心、嗜睡的情形（排除神經多樣性❶特質）。一些晚上太晚睡覺❷的孩子也有可能會在白天完成學習任務時看起來散漫無章，但把上床睡覺的時間提前後，不少養育者會觀察到孩子面對作業時的積極性明顯變高了。在一些家庭中，如果養育者們互相之間關係緊張，孩子也有可能無意識地透過自己的「不思進取」來吸引大家的注意，轉移衝突，讓大人們忙於對付自己而非對付彼此，這種情形是令人心疼的。

第三種較為常見的情況則是孩子的自我調節功能與內在驅動力並不匹配。簡單來說，孩子希望自己能做得更好，但在遇到挫敗、無聊、沮喪之類的感覺時，尚未擁有足夠完善的情緒調節能力來應對這些阻力。想幫孩子發展出適配內在驅動力的情緒調節功能，可以從以下三個方面著手：

1. 培養信心，設定容易完成的目標，讓孩子多多體驗成就感，幫助孩子看到自身努力與結果之間的關聯，構建孩子內在驅動力的底氣。
2. 培養習慣，循序漸進，幫助孩子在養成習慣的過程中不斷強化恆心與耐心。比如對一個六歲的孩子來說，哪怕從每天固定五分鐘時間好好寫字開始養成做作業的習慣也是有益的。如果孩子暫時無法整理自己房間的每個角落，可以讓孩子先從整理鉛筆盒開始體驗成就感。當養育者能幫助孩子把遠大的目標拆解成一個個小的、可實現的目標時，就能協助孩子把「做事情」的體驗塑造成良性循環的過程，讓孩子感覺做事情沒那麼難，並且是可以持續堅持下去的。

3. 盡可能把學習和練習的過程變得有趣。有些孩子「不思進取」的背後是對死板教學形式的厭倦與反抗。若想要孩子有自主學習的內在驅動力，養育者和老師也需要投入熱情把操練與教學的過程變得盡可能生動有趣。

---

❶ 神經多樣性（neurodiversity）包括但不限於注意力不足過動症、自閉症類群障礙、學習障礙等先天神經特質所致的狀況。

❷ 各年齡層建議的最佳入睡時間，可參考美國睡眠醫學會發布的各年齡層入睡時間建議。

當孩子已經身處與作業或練習對抗的情緒中，以強硬、不讓步的態度對待他是不明智的。如果能讓孩子在此刻起身走一走、運動一下或洗個澡，都能幫助孩子從鬧彆扭、較勁的壞情緒中平復一些。大部分養育者知道要從孩子的情感著手去調節孩子的行為，例如許多養育者相信，如果孩子明事理，就會好好做作業——大腦想清楚了，身體自然會跟上。我們把這個過程叫作「自上而下」的自我調節方式。但許多養育者忽略的是，其實「自下而上」的自我調節方式在應對孩子的壞情緒方面也非常有效，也就是說，透過調動孩子的身體活動來讓孩子的情緒得到調節。有些孩子放學回家想先玩一會兒再做作業，其實就是自下而上的自我調節方式，並不需要死板地遵循「做完作業才能玩」的規則。協助孩子設定好做作業前放鬆休息的時間，亦不失為一種幫助孩子調節內在驅動力的方式。

每一個努力學走路而不知疲倦的孩子都提醒著養育者，內在驅動力在某種程度上是天生就有的。在與「不思進取」有關的壞情緒中，往往封印著當下無法全然啓動的大腦能量，而解鎖這些能量的密碼正是來自尊重與安全：尊重孩子的發展規律，尊重孩子的大腦運行規則；爲孩子提供身心安全的環境，讓孩子可以在安全的體驗中去玩耍與創造。

孩子磨蹭拖延不寫作業，更深層的原因是什麼？

幾年前我曾爲某中學生創新研究挑戰賽擔任現場答辯評審，那一年有好幾支來自頂尖高中的社會實踐小隊在主辦方給出的上百個研究領域中，選擇了研究「拖延症」問題。可以想像的是，在不少家長爲孩子磨蹭拖延而著急的同時，孩子自己對此是有所意識的，他們也很希望弄清楚拖延的背後究竟是什麼，是否有方法可以破解。那一年，我對每支研究拖延症的高中生小分隊都提出了同樣的三個問題：

1. 拖延究竟是不是一種疾病？
2. 你是如何做到一邊拖延一邊如此優秀的？
3. 人有沒有拖延的權利？

當孩子們被問到這些問題時，表情是錯愕的，似乎他們並沒有思考過，當大喊著「戰勝拖延」「克服拖延」的時候，拖延行爲對於我們究竟有何意義。誠然，拖延經常會使人付出代價，比如在許多人的想像當中，如果一個人時刻保持精密高效的運作，能得到的成就或許會比此刻更高一些（儘管我並不確定這是不是事實）。另外，儘管很多時候拖延未必會導致嚴重的後果，但會使一些人消耗不少情感層面的能量，例如在拖延的過程中體驗到內疚、羞愧、自責，或者經歷人際關係的緊張與衝突，典型的例子就是親子關係在面對拖延行爲時所經歷的張力。

也許正是因爲拖延看起來如此面目可憎，於是人們在描述這種行爲時加上了「症」，大量行爲主義的訓練方式試圖全面消除拖延行爲，以幫助更多人邁向想像中的人生巔峰。在形形色色的臨床心理診斷標準中，拖延並沒有作爲異常心理診斷中的單一疾病存在過，即使它有時候看起來損害了一個人在工作、生活、社交層面的功能性，但充其量也只算是一種症狀表現而已。症狀皆有意義，當一個人聲稱自己受困於拖延行爲，或者周圍人的拖延行爲令人感到困擾時，首先需要思考的是，對那個個體或那段關係而言，拖延究竟意味著什麼。

讓我們來仔細回想一下，人大約是從什麼時候開始出現「拖延」這種行爲的。

在小嬰兒的世界裡並不存在拖延，餓了就吃，累了就睡，看見想要的東西就拚命過去。這種毫無拖延可言的狀態，從表面看充滿了蓬勃的生機，但也許形成這種狀態的原因並不那麼浪漫：在小嬰兒的大腦中，主管著預測、執行與衝動控制的前額葉皮質都是未發育完全的狀態，以至於發揮與等待、三思而後行、延遲滿足等相關的能力幾乎是天方夜譚。

隨著大腦慢慢成熟，兒童開始有能力在行動與滿足之間拓展出一個中間地帶，例如當一個孩子看見一片池塘，他所做出的反應並不是立刻把腳伸下去，而是站在岸邊思考一下，觀察周圍人的反應，再決定自己是否要進行下一步的探索。我想很少有父母會對這樣的中間地帶表達異議，大家更傾向於認爲這是孩子開始具備審慎思考能力的跡象，孩子的思維過程已經使其能夠延遲將那些試圖滿足自己的衝動付諸行動，以實現自身發展過程中的利益最大化。

那麼當「延遲」演變爲很多父母嘴裡的「拖延」時，究竟發生了什麼微妙的變化？

早在一九一一年，精神分析界的鼻祖佛洛伊德就在文獻中寫道：「當滿足需求的事物不足或缺乏，拖延就會發生。」一個孩子遲遲不開始寫作業，可能的原因是，完成作業這件事實在無法給他帶來滿足感；但孩子又快又好地完成作業則能給父母帶來極大的滿足感。一句民間俗語高度概括了這種因爲需求不一致所產生的關係衝突：皇帝不急，急死太監。

很多時候父母會一廂情願把自己內心的滿足等同於孩子內心的滿足，比如立刻把房間整理乾淨這件事給父母帶來的滿足感可能遠遠大於孩子。在這種情況下，兩個可能的出路是：一、父母正視現實，主動採取行動把房間整理好，自我滿足一下，放過孩子；二、圍繞整理房間這件事，嘗試和孩子一起發展出新的滿足感，例如主動把房間整理乾淨就可以有額外的零用錢，或者採取其他任何能讓孩子得到滿足與認可的鼓勵方式。

如果拖延行爲只是上文所提到的因爲缺乏滿足感所致，那人心也實在是太簡單粗糙了些。人心的複雜精妙之處在於，拖延行爲本身有可能會在無意識層面帶來諸多滿足感。如果把拖延行爲比喻爲一座冰山，剛才提到的只是水面上可見的一角。讓我們藉由文字，一起坐上無意識的潛水艇，下潛到主觀世界的深處探索一下，那座更爲巨大而不可見的拖延行爲冰山裡究竟有哪些可能性。

1. 拖延與攻擊

當孩子拖延磨蹭、遲遲沒有去做一件事情時，你的感受是怎樣的？大部分父母的描述中包括著急、焦慮、委屈、不滿，並且無一例外會提到「憤怒」這種感受。如果我們換位思考一下，也許就不難聯想到這種令人內傷累累的感受從何而來：想像你在職場中有一位無時無刻不要求多多、嚴厲苛刻的上司，你心中對他積怨已久卻又難以公開對抗。某天，對方要你迅速完成一項事務，這項事務看起來對你沒有那麼重要，但對他而言很重要。那一刻，你感受到來自權威者的壓迫感與被控制的壓抑感，但是又不知道該如何反抗，甚至開始著手做這件事情本身都讓你極不情願。在這個過程中，這位上司時不時來詢問進度，表達他對你盡快完美完成任務的期待。當你無法達到上司的期待時，他表達失望和勃然大怒的樣子真可怕，可你心中似乎又有一絲莫名的快感：儘管很多時候他把你當作牽線木偶那樣操縱著，但此時此刻你突然意識到，只要你不那麼配合與積極回應，對方也可以被你的行為所激怒，看起來你也是可以操縱對方的——這就成爲經典的「被動攻擊」模式。用簡單易懂的話來說，這是有意無意在用被動消極的方式來攻擊令自己不爽的人，較爲弱勢的一方可以藉由這樣的方式在權力鬥爭中處於「看不見的上風」，並讓對方體驗到自己心裡長久以來累積的情感——通常是一些和憤怒有關的感受。

如果這樣的隱形權力鬥爭在親子關係中已經出現，也許首先需要思考一下在孩子的日常生活中，有多少空間與時間是可以完全由孩子自主決定步調與節奏的。不管競爭文化多麼盛行，課業多麼繁重，每個孩子在每一天都需要有固定長度的、可預測的時間能夠完全由他自己來決定要做什麼（或什麼也不做），即使只有十分鐘也是必要的。在力所能及的範圍內，如果有機會讓孩子訴說、表達對父母及老師管教的不滿與憤懣，用語言而非付諸行動的方式抒解攻擊性，也彷彿是讓充滿壓力的壓力鍋能時不時釋放掉一些氣體（拖延行爲是無處釋放的攻擊性出口），那麼情感的交流或許可以承載一部分攻擊性的表達。在這種情況下，拖延再也不是表達這些內在感受的唯一管道了。

2. 拖延與自戀

有的時候，拖延也可能是爲了無限接近心中那個完美的幻想。這種狀況在一些對自己要求頗高、追求完美主義的成年人與孩子身上可以被觀察到：「如果不確定做出來的東西是不是完美的，我寧可不要開始去做。」「只要不把這件事情做完，我就可以一直活在一個關於完美結果的幻想中。」與消極擺爛以表達不滿的拖延行爲不同的是，這種由完美主義所導致的拖延恰恰是太想把事情做好了。如果孩子或成年人的拖延中具有這樣的意味，去探索「不那麼完美對他而言意味著什麼」

就成爲了關鍵問題。比如對有的人來說，做事不夠完美意味著需要接受懲罰；而對另一些人來說，則可能意味著會自我感覺一無是處，或者感覺失控、無助等等。去重新認識與建構「不完美」所引發的感受，這個過程或許能幫助這些大人與孩子去享受更自由的行動狀態。

在另一些情況下，與自戀有關的拖延還表現爲享受「踩線」的快感：如果一個人總是能拖到最後一分鐘才完成任務，聽起來也是功能性極強的狀態。這是需要多麼強大的自制力、全局觀及心理素質才能達成的狀態啊！在一些看似玩世不恭的學霸身上，這種狀態經常會被觀察到。如果一個人在這樣的過程中並沒有背負沉重的情感負擔，那麼拖延就更像是一種用來遊戲與證明自己的本領，除了周圍人或許有點恨鐵不成鋼之外，並無大礙。

3. 拖延與自我調節

在開始一項具體的工作之前，或者在完成工作的過程當中，玩手機、看八卦，或者磨磨蹭蹭地摸摸這個、吃吃那個的狀態，有沒有意義？很多時候把目光從具體的事務上移開，投注到另一些並不相關的領域中，其實是一個人自發的自我調節過程，目的是透過暫時回避來自任務本身的刺激，積累一些心智能量，然後重新回歸到需要巨大能量才能完成的事務中。一些孩子做作業時無意識地搓衣角、挖鼻孔、時不時走出房間喝水之類的行爲，都是自我調節行爲。換句話說，這些被許多父母視爲眼中釘的「小動作」或「注意力不集中」，正是具有重要的作用：對一些孩子而言，他們需要透過這些無意識層面上的小動作才能繼續待在一個需要大量思考的情境中，看似在拖延，其實是爲了前進。如果這個過程引發了更多的矛盾與衝突，當下情境中的壓力蓄積到了難以消解的程度，拖延或許又會演變成前文提到的「攻擊」。

孩子的自我調節方式在不同年齡階段會逐步進化，例如吃手是小嬰兒普遍採用的自我調節方式，但高中生會在無意識中把這種方式進化成用手來轉筆。如果自我調節方式並不損傷自己的功能性（如果一個人經常玩手機，但工作或學業依舊表現不錯，那麼這就是無傷大雅的自我調節方式），且不影響周圍人（如果學齡期兒童的小動作會對他人造成影響，那麼就需要考慮發展另一些不會影響他人的自我調節方式），那麼這種自我調節式拖延是可以被允許存在的。

4. 拖延與獲取關注

如果孩子經常因爲拖延而無法發揮出夠好的功能性，也有可能是在透過這樣的方式獲取周圍人的關注。如果父母回家就捧著手機，和孩子缺乏交流，或者對孩子的成就與進步視而不見，只有當孩子的行爲出現問題或不完美時才會有所反應，那麼透過不那麼好的表現讓父母看見自己，也許就會成爲孩子無意識層面的表達模式。在一些關係緊張、正在經歷重大變故的家庭中，孩子的拖延有時候也是在無意識地轉移周圍人衝突的焦點，彷彿是在訴說著「大家都衝著我來，我有那麼多毛病和問題需要你們看見，這樣你們互相之間就不會有衝突了」。

並非所有的拖延行爲都有這樣的訴求，但擁有良好的家庭關係是每個孩子自在成長的必要條件，只有周圍的環境足夠安全，孩子才能以健康的節奏去完成心智成長道路上的階段性使命。

5. 拖延與成功焦慮

成功有時令人感到焦慮。這種違反直覺的情形在生活中及文學作品中都並非鮮見，例如莎士比亞筆下的哈姆雷特就是一個典型的例子，他似乎有許多機會以更加「快狠準」的方式殺掉弒父仇人，但這場姍姍來遲的復仇成爲文學史上的經典拖延情境，也許在成功殺掉仇人的那一刻，哈姆雷特還需要面對的是徹底與父親分離的心理現實：儘管在物理意義上父親早已死去，但復仇使他在精神層面上始終活在哈姆雷特的心裡；當仇人死去，這也意味著哈姆雷特必須告別過去，眞正進入孑然一身的狀態（文學作品裡，哈姆雷特在這個過程中還失去了愛人與母親，在象徵層面上表達了成功與孤獨的主題）。

現實生活中，一些孩子或成年人在面對取得成功的可能性時猶疑不決，在無意識層面會透過拖延來使自己遠離成功。如果深度探索這種看似糾結矛盾的狀態，會發現對其中一些人來說，成功意味著一些除了喜悅和滿足以外的感受，例如被貶低（「考一百分一定是因爲這次試題太簡單了」），也有可能意味著內疚（「要不是我爲你付出那麼多，你怎麼會有今天」），還有可能意味著分離（「你翅膀硬了，總有一天會離開我的」）。如果這些情感代碼被寫入了和成功有關的程式中，那麼延遲、甚至避免啓動與成功有關的程式，似乎就成爲無意識的選擇。

對於這類拖延行爲，需要重新建構對成功的體驗及感受，去哀悼和接受伴隨著成功而來的失去，這樣的心理成長過程遠比寥寥幾行文字要來得複雜。

＊　＊　＊

如果有機會研究每個孩子或成年人的拖延行爲，有可能會發現文中所提及的一種或幾種情形，也有可能會出現本文所沒有提及的一些精神動力。拖延行爲是洞察人性與內在需求的一扇窗口，如果必須要減少拖延行爲，思路也許並非像使用橡皮擦那樣透過一些方式迅速抹去拖延行爲，而是更富建設性與創造性地去表達與滿足拖延背後的那些心理需求，這樣，拖延就不會成爲別無選擇時的選擇。

我想以一個生活中的故事結束本文。從某年開始，孩子的學校開始實行提前安排作業的機制，每週一老師會告知整週需要完成的作業以及每天需要交哪些作業。某天我忍不住問孩子：「爲什麼你不提前把後面幾天的作業做完，這樣玩的時候不是會更安心一些嗎？」八歲的孩子瞪大了眼睛看著我說：「我每天都有按時交作業，自己都安排好了，有沒有提前做完後面的作業並不影響我現在玩得開心呀。」那一刻，我突然意識到這也許是我自己的問題：作爲一個資深的拖延症「患者」，在截止時間的最後一刻完成任務似乎是我工作生活中的常態（儘管能完成的事情與工作量極多，功能性並沒有因此而受損）。眞正讓我感到衝突的是拖延過程中會承受的內疚與自責，當事情沒有做完時，會覺得無法享受生活。在接受了幾年的精神分析之後，我並沒有完全停止拖延行爲，而是學會了心安理得地拖延，和我的孩子一樣，能夠在還沒完成所有事情的時候去安心做點別的事。

但突然有一天，在我們即將出門旅行前，我發現孩子正專心一意的寫作業，並且頭也不抬地對我說：「我想試試把作業都寫完了再出去玩，好像那樣的確可以玩得更開心一點。」

我不知道有這樣的覺悟對孩子而言到底是一種成長還是限制，身爲母親，看見孩子能自覺並有效率地完成作業當然深感欣慰，但更重要的是，孩子似乎可以自主選擇拖延或不拖延的狀態，在不同狀態間穿梭切換，拖延並不是奴役人生的狀態，而是一種可以被選擇的節奏。也許從這個意義而言，拖延或不拖延，自由都在那裡。

幫助孩子在一次次受挫中發展出健康的復原力

我們經常會在社群媒體上看到一些令人心碎的新聞，不同年齡段的孩子在經歷挫折之後做出各種激烈舉動，比如在被老師責罰之後拒絕上學，或者因爲沒有考好而陷入情緒泥淖，甚至被沒收手機後自傷、自殺。這些新聞讓養育者們非常擔憂，許多人會苛責發問：「現在的孩子心理承受能力怎麼這麼差？」我並不認同這樣的觀點，當代中小學生面對的學習壓力與現實複雜性是遠遠超過過去幾代人的，並不能歸咎於他們的心理太脆弱。但面對一個複雜多變的時代，從一次次壞情緒中，如何既可安撫孩子，又能幫助孩子發展出健康的復原力，這是值得深思的問題。

每個養育者都或多或少觀察到過，孩子在遭遇挫敗沮喪時會有的激烈行爲或情感。比如當年紀較小的孩子想要自己穿鞋但穿不進去時，可能會一屁股坐在地上哭鬧；而當學齡期的孩子在學習畫畫寫字的時候，可能會在覺得自己完成得不夠好時把整張紙都撕了扔掉；因爲考試沒考好或者輸了比賽而壞情緒大爆發的孩子也並不少見。

當一個孩子因爲挫折而經歷形形色色的壞情緒時，也許背後並不是「挫折容忍力差」那麼簡單的原因。

首先，對所有的孩子而言，當他在經歷挫敗沮喪時，非常重要的一點是，他對自己有很深的確信，相信自己是可以的。我們可以想像一下，當一個人感覺自己做什麼都不行時，不管是輸了比賽還是學不會技能，那種失敗對他而言都是意料之中且無所謂的。當一個孩子對挫折、失敗非常難以接受時，那意味著他心裡有一句潛臺詞，那就是「我可以做到」。說到這裡，要恭喜各位見證過孩子挫敗沮喪的養育者們，因爲這至少說明孩子在被教養的過程中，汲取了足夠多的心理底氣，相信自己眞的能夠做到一些事情。

對於語言功能已經發展完善的孩子而言，他們也經常會慢慢體驗到一種現實的「殘酷」。當孩子成長至三到六歲時，他們會慢慢發展出很多的「願望思維」。當人擁有了願望，就會伴隨幻想：「我所希望的一定會發生。」這種願望思維一部分屬於健康的自戀，我們每個人都需要擁有希望去支持自己達成目標；但一個心智成熟的人也會知道：世界並不總是如我們所願，無論多麼努力，現實中總會有侷限與不如意。當孩子的心智還沒有發展到能夠認識到侷限性的程度時，他們會對這種挫敗沮喪的體驗難以忍受，彷彿一件事情沒做好，整個自我評價與認知體系就要崩塌了似的。

兒童心智健康發展過程中必然會經歷一個從分裂到整合的過程。分裂是指看事情非黑即白，比如「如果我做不到一件事情，我就是很糟糕的」；整合則是以辯證思維看待經歷，比如「儘管我這次沒考好，但我依舊是個很棒的人」。這樣的思維進化過程並不是一朝一夕可以完成，在孩子生命頭六年乃至更長的時間裡，養育者都需要在日常和孩子的溝通交流中，幫助孩子養成從不同角度去看待同一事物的思辨能力。比如在孩子經歷挫敗沮喪的情緒時，幫助他把「事情」和「人」分開來看待，例如在孩子寫不好字的時候告訴孩子：「把字寫好是需要一個過程的，一開始寫不好很正常。你那麼聰明，努力練習幾個月一定會和現在不一樣的。」也可以幫助孩子把「局部」和「總體」區分開來看待，比如：「這幾個字你寫得非常好，另外幾個字可能還需要多練習幾遍，但今天能做完這些已經很了不起啦！」這些表達都是在幫助孩子養成健康的自我評價與反思功能，讓他既能面對現實，又不會妄自菲薄，逐漸學會用穩定的心態去面對人生的起伏。

幫助孩子區分「願望」與「現實」也是養育者很重要的一項工作。比如當孩子抱怨「我永遠做不好一件事情」時，他有可能眞正想說的是，他非常希望能夠像電視裡的超人那樣迅速學會做很多事情。我們需要幫助孩子看到在現實中，每個人都會爲了學東西而付出大量的精力，「羅馬不是一天造成的」，協助孩子用一些視覺化的記錄去觀察自己的進步，這樣，他們也會慢慢體驗到自身付出努力與獲得結果之間的因果關係。比如在孩子練琴時回饋說：「昨天你彈這首曲子時還不太能夠彈得順暢，但今天明顯流暢很多了，這就是你努力所得到的結果。」或者有些時候我們可以收藏好孩子的作品，一年之後再拿出來給他看，並且告訴他：「你看這一年你的進步多大，這跟你的努力和成長是密不可分的。」當孩子有機會去體驗自己的努力堅持所帶來的變化時，他們就會看到這樣的過程是有價値的。

區分願望與現實的另一部分，是讓孩子看見每個人的能力是千差萬別的，每個人都有自己獨一無二的部分。爲了幫助孩子看到這些面向，我們也需要在日積月累的相處當中，看到孩子身上那些特別的地方，避免把孩子和別人做比較。當孩子能夠更加自我肯定時，也會更加去肯定別人，同時，他們會更清楚地意識到自己的獨特之處是什麼。很多時候，當一個孩子對自己的不成功感到非常挫敗、沮喪而有激烈舉動時，往往他們在生活當中也是非常挑剔的，他們可能很難去欣賞別人身上的優點。這一點有時和養育者無意識流露的對他人的評價與貶低有關，比如認爲清潔工是沒有出息的，無視不同職業的人所具有的獨特價值和做出的辛勞努力。當孩子內化那種嚴苛的評價聲音時，也會對自己有著更高的、很可能並不合理的期待。

對於成年人來說，一個重要的命題是學會接受人的侷限性，接受眞正的完美並不存在。作爲養育者不僅希望擁有完美的孩子，也希望自己能爲孩子提供完美的教養，但這種對於完美的無限追求反而更容易導致覺得自己「不夠好」的匱乏感，總覺得自己做得不對、付出得不夠。我們希望幫助孩子既可以享受努力的過程，又可以自在地活在這個世界上，而這也意味著養育者自身亦需要去調和好這些部分。在孩子的能力無法達到期待時，既可以理性分析，幫助孩子看到還可以在哪些方面努力，也需要告訴孩子，無論怎樣，大人都覺得他已經很棒了，並且願意支持他，如此，孩子才能有心理底氣去接受自己有侷限的部分。

有些養育者會擔心孩子過於自我接納是否會「躺平」而不再奮鬥？從兒童心理角度而言，真正的自我驅動力與威脅感無關，一個因爲感受到外界威脅而奮鬥的孩子，和一個因爲內在的安定、熱愛而努力的孩子，從人生的長期發展來說，後勁是不同的。尤其是到了二十五歲之後，那些一路爲了躲避養育者的責罵而努力取得優異成績的孩子，往往更容易經歷與心理健康有關的困境，在成年發展期遇到各種阻礙。

相信閱讀本書的養育者們都希望養育出一個內在篤定、外在向上的孩子，要實現這一點，培養心理復原力是祕訣，孩子如何能在面對困難、挫折時依舊擁有良好的自尊、自信去應對更多的挑戰，這把鑰匙在養育者的手裡。

培養孩子的平常心：學會贏，更要學會輸

記得我上小學時曾被告知：「你們未來要面對的是一個競爭社會，和別人差0.5

分都不行。」回頭看，身爲經歷過大大小小考試的人，不得不承認老師的「恐嚇」是有事實基礎的，這些壓力鞭策著包括我在內的不少人，在人生各個階段都努力成爲最好版本的自己。但與此同時，競爭導向的成長目標也會讓人長期生活在焦慮與追逐中，看似目標明確，卻也經常會在青春期或大學階段陷入迷茫與無措：這些眞的是我想要的嗎？與此同時，對一些在競爭文化下長大的孩子來說，在一場考試或比賽中失利，就彷彿整個自我評價體系都要崩塌了。每年高中會考和大學學測放榜時，不少老師總是提心吊膽，擔心班上的孩子會做出激烈舉動。處理與競爭有關的壞情緒是育兒中的一門必修課。學校的教育會給予很多關於如何做得更好、成爲贏家的指導，卻很少有機會教導孩子如何自在地「輸」。

即使是在很小的孩子身上，也可以觀察到與競爭有關的壞情緒。比如三、四歲的孩子們在社區中庭玩遊戲時，有的孩子會因爲輸了而哭鬧著退出遊戲；有的孩子在體育比賽失敗時會大喊「不公平」，並且把球重重摔在地上；也有的孩子即使是自己在家畫畫，也會因爲畫得不如範本好，一氣之下把畫完的畫撕掉了。經常讓養育者感到困擾的是：「我並沒有給孩子很大的壓力，爲什麼孩子會對自己要求那麼高？該怎麼培養孩子面對競爭時的平常心呢？」

首先，每一個因爲競爭而不開心的孩子，內心的潛臺詞都是「我可以贏；我明明可以做得更好的」。這種心態背後有著多重可能性：有時當一個孩子擁有這樣的心態時，表示他對自己是有信心的，而這種確信來自於周圍人的教養方式，比如眞實的鼓勵與誇讚會讓一個孩子越來越有底氣去挑戰更好的成績。也有一些孩子在輸了比賽後，爆發的是平時被壓抑的情緒，比如擔心養育者的指責、貶低、甚至羞辱，如果一個孩子內化了那些嚴苛的聲音，那麼他是很難面對失敗的。

當孩子面對比賽而出現糟糕的情緒時，能夠給他一個傾聽的空間永遠是第一步。一百種比賽後的不開心，可能有一百種不同的理由。傾聽並不一定是指言語層面上的，非言語的方式也經常能安慰孩子，比如給孩子一個擁抱、做一頓好吃的，或者陪孩子散散步。當這個年齡段的孩子感受到「我的感受是被周圍人感受到的」時，壞情緒就已經平復不少了。

在言語層面上，如果一個孩子願意聊聊的話，可以問問他：你現在心裡有什麼感覺？你覺得那些贏了比賽的人會對你說什麼？你覺得爸爸媽媽會對你說什麼？如果你可以贏得比賽的話，會和此刻有什麼不同？類似這樣的對話都可以創造出空間讓孩子表達內心的壓力與不安，並且幫助父母去理解孩子爲何有那些壞情緒。

圍繞著與競爭、比賽有關的壞情緒，還有幾點是養育者可以密切關注的。

首先，面對競爭時很重要的一件事情是保持堅定的界限。這個界限既包括安全第一：「無論你是參加體育比賽，還是進行其他的活動，千萬不能爲了一個結果而危害自己或他人的安全。」此外，這個界限也包括幫助孩子誠實面對比賽，讓他們意識到透過撒謊和作弊得到好成績是不可取的。

其次，當孩子面對比賽與競爭結果非常沮喪時，養育者要鼓勵孩子換位思考，發展自我調節功能。比如可以問問孩子：「如果今天是你最要好的朋友輸了這場比賽，你會對他說些什麼或做些什麼？」當然，在此之前，很重要的一點是認可孩子的負面情緒，比如在孩子表達沮喪時，不妨跟著一起「罵一罵」：「哎呀，眞是太可惜了，都努力那麼久，沒拿到第一名，不管是誰都會很難過的。」不用擔心這樣的表述會讓孩子長久陷在壞情緒中，恰恰相反，孩子的壞情緒經常只有在被周圍人接納的前提下才有可能被緩解和轉化。

第三，養育者也可以用一些巧妙的方式，幫助孩子修復自尊心。比如可以告訴孩子：「你輸了這場比賽，其實也是你們整個團隊輸了這場比賽，每個人對此都負有責任。這並不是你一個人要去承擔的，大家都和你一樣在面對這一次的失敗。」這樣的表述並非為了推卸責任，而是讓孩子看到，比賽是一個團隊的事情。即使是一些個人比賽，往往還牽涉到教練、老師、甚至包括家長的支持，大人們也是以一個團隊的形式和孩子一起「出征」。當孩子感覺到有這麼多人和他一起面對這些事情時，即使面對失敗也不會那麼孤獨。

此外，還可以使用的一個技巧是幫助孩子做出一些基於事實的表揚。儘管孩子輸了比賽，養育者依舊可以指出孩子在比賽中有哪些亮點。比如可以說：「雖然今天的足球比賽輸了，可是我看到你非常努力地在全場跑，幾乎沒有停下來過，這需要非常強的耐力。」也可以說：「雖然你畫的小貓沒有得到首獎，可是你的筆觸和以往有所不同，我能感受到你是在用一些新的方式探索不同的畫畫形式。」這些基於現實狀況的表揚，可以讓孩子看到原來自己的努力是能被周圍人看見的，即使沒有贏得一面獎牌，這樣的認可也是非常大的鼓勵。

當孩子從比賽失利的壞情緒中慢慢平復時，也可以和他一起進行自我覺察和回顧，去觀察在這樣一個從情緒低落到恢復的過程當中，自己的思維過程和感情經歷究竟是怎樣的。這樣的覺察過程有助於幫助孩子去慢慢體驗「我的情緒究竟從何而來，我又是怎麼讓情緒恢復到比較平衡的狀態的」。養育者可以說：「我注意到當你難過很久以後，又可以平靜下來。那一刻你是怎麼做到的，或者那一刻你想到什麼了嗎？」這樣的一些啓發都可以讓孩子慢慢看到自己對於情緒的掌控力，發展出更加成熟健康的自我調節功能。

如果已經做了不少努力，孩子依舊在經歷那些與競爭有關的壞情緒，養育者也可以放寬心，只要孩子不做出傷害自己或他人安全的事情，體驗一會兒壞情緒也沒關係。養育者需要留點空間讓孩子體驗各種眞實情緒，而不是用盡各種方式讓孩子避免體驗壞情緒。比如比賽輸贏其實都是孩子自己的事，家長最大的作用是陪伴和支持，而不是當個擋箭牌。當孩子有空間去體驗輸的感覺時，他才有空間發展出更多的能力，讓自己能夠堅毅平和地面對挫敗沮喪的感覺。

最後但也最重要的一點是，無論對於養育者還是孩子，無論是比賽還是日常的生活，無論是輸還是贏，能夠在過程當中享受樂趣是最重要的。某次我自己在接受精神分析的過程中，繪聲繪色地對著分析師描述了一番自己如何辛苦努力去達成一個成就，分析師在聽完我的敘述之後問：「那你享受做這件事情嗎？」這個問題當時就如同一道閃電擊中我一般讓我震撼不已：在成長過程中，我似乎從沒有問過自己，也沒有被問過這樣一個簡單的問題。爲了追逐目標而失去與當下良好體驗的連結，這是多麼得不償失啊！

很多時候我們會因爲興趣而開始學習一樣東西，但是學習的過程往往會讓我們忘記做自己喜歡的事情時那種歡欣愉悅的感覺。當我們在進行比賽時，其實是和很多同樣喜歡做這些事情的人去進行一場交流。雖然結果可能會千差萬別，但是這樣的交流背後都指向同一個目標，那就是我們都很喜歡自己在做的這件事情。

我們可以鼓勵孩子去說一說他是否享受這樣的過程，他自己從這個過程當中獲得了什麼，他喜歡哪些部分，又不喜歡哪些部分。

競爭與比賽可以磨練一個人的心性，當孩子與競爭相關的各種壞情緒可以被養育者承接容納時，他也會更有底氣去面對人生道路上更多的挑戰。

面對天災人禍時，如何幫助孩子重建內心的力量？

地震、恐怖攻擊、氣候變化……無論我們多麼祈願美好，這似乎是個充滿了不確定與無常的時代。如今資訊傳播管道格外發達，也許不知不覺中，你的孩子已經從大人充滿焦慮的表達或者媒體報導中隱約瞭解到了那些不幸。養育者是否有可能將天災人禍所帶來的痛苦在孩子面前隔離掉呢？

我們當然希望自己可以讓孩子與恐懼、焦慮、不安、憤慨等情緒隔離，但即使是還不會說話的孩子都有可能經由一些方式知道可怕的事情發生了，例如大人們互相交談的語氣和表情，更大一些的孩子則可能透過電視媒體、廣播、網路、報紙、雜誌等接觸到相關資訊。雖然我們可以並且必須嘗試保護孩子們不去接觸這些媒介，但他們還是很可能會從父母震驚的表情或聲音裡知道有一些事情的確發生了。如果不幫助孩子去理解到底發生了什麼，他們就會獨自糾結於那些未知的東西，恐懼和幻想會填滿他們的內心世界：

「爲什麼那個孩子的媽媽不見了？她現在在哪裡？」「那些人爲什麼流了那麼多血？什麼是死亡？」「他們還可以回家嗎？」……

那些在電視媒體上目睹災難的孩子們，也許會思忖自己的父母是否也會像那樣受到傷害或死去。他們會迷惑於自己是否也會那樣受到傷害：

「爲什麼那些看起來很有本事的人，比如爸爸、媽媽、警察、總統，會允許那麼糟糕的事情發生呢？」「那些屍體都去了哪裡？死亡到底是什麼？」

在一些稍大的孩子當中，關於他們自己或養育者的死亡，可能會引發他們的噩夢。當孩子做噩夢時，養育者在夜間給予一些非言語及言語的安撫，在白天有意識地幫孩子減少環境中的心理壓力源，固定作息以創造更強的可預測性和規律感，這些支持都能幫助安撫孩子內心深處的恐懼感。

當媒體鋪天蓋地在報導某個災難事件時，養育者首先要處理好自己對於事件的情緒，盡量避免在孩子面前流露出過度恐慌、焦慮及憤怒的情緒。在外部世界充滿各種不安時，孩子會格外需要心靈世界的安全感，他們需要確認養育者不會不打招呼就隨意離開他們。

由於孩子與成年人有著不同的歸因機制，當天災人禍發生時，他們可能會認爲那是因爲自己不夠乖或有某些「邪惡」的想法而導致的；很多孩子面對他人的苦難時，會在無意識層面感覺內疚，彷彿自己做些或不做些什麼，那些人就不用經歷這些苦難。在經歷與天災人禍有關的壞情緒時，孩子也需要從養育者那裡聽到：他們所看到和聽說的死亡並不是任何一個孩子（包括他們自己）的責任，這些事情並不會因爲某個孩子的「壞行爲」或「壞想法」而發生。

當孩子有哀傷和恐懼的感受時，養育者需要讓孩子有空間去表達那些感受。比如有些孩子會對那些經歷不幸的人產生深厚、關切的認同感，他們本身也可能會因爲一些生活中的事件（比如也許某個孩子最近剛經歷了親屬的離世）而感到格外哀傷。養育者無法以「保護」的名義把孩子和那些感覺徹底隔離開來，或試著否認那些部分。哀傷是生命裡必不可少且無法避免的部分，某種程度上，當孩子渴望見到那些暫時或永遠失蹤的人時，他們關心他人的能力又增加了重要的一部分，他們會意識到珍惜眼前存在的關係是重要的，而在耐心經歷哀傷的感覺之後恢復過來，也會逐漸幫助孩子形成更成熟的自我調節功能，畢竟如何面對「失去」是終身的功課。

在陪伴孩子經歷與天災人禍有關的壞情緒時，幫助孩子建立起新的內心力量也很重要。比如養育者可以直接告訴孩子，你並不認同那些不義之人的做法，你不會允許別人傷害自己和他人的孩子，就像你不會允許孩子傷害他人和自己一樣。

對五歲以上的孩子，可適當進行安全教育，例如遇到火災如何逃生。如果孩子已經上小學，也可以和孩子聊聊人類爲了應對那些天災人禍曾付出過多少努力，比如從古至今，有各種各樣的人希望能發明長生不老藥來抵禦死亡，儘管這樣的嘗試經常面臨失敗，但人類社會與科技水準也在一次次嘗試中不斷進步著。如果是閱讀能力已經發展得相當不錯的孩子，養育者也可以試著幫助孩子建立獨立思辨的能力，識別出那些圍繞著天災人禍的謠言。孩子在感性層面上的壞情緒被支持之餘，能在理性層面上科學認知所發生的事情，這也會讓他們感受到內心的力量，有更多底氣應對與天災人禍有關的壞情緒。

旁觀或見證天災人禍對一個孩子來說是種並非必要但很重要的經歷，對整個家庭來說，這也是一個很好的機會來分享和解釋我們對於死亡的感受、家庭的信仰，並進一步加深彼此間的感情。也借此機會提醒各位養育者，當天災人禍發生時，請務必停止轉發血腥的新聞照片，停止傳播渲染細節的暴力場景，停止發表各種歧視性言論，減輕社會戾氣。爲了讓孩子擁有一個更加溫暖、和諧、安全的社會，我們都可以出一分力。

如何處理與幼小銜接有關的壞情緒？

孩子要上小學了，這對不少養育者來說既是鬆了一口氣，又是新挑戰的開始。有不少過來人會告訴養育者們：六歲前勞力，六歲後勞心。幼小銜接對孩子而言意味著進入了一個更大的世界：在認知、情感、行爲及人際關係的層面上，他們都將開始一趟新的征程。有時幼小銜接也像是一場對養育者的「檢閱」：過去六、七年來養育孩子付出的點滴，此刻都成爲孩子通往更大世界的墊腳石。

小學課堂勢必與幼稚園不同，「幼小銜接」這個概念的提出也源於小學對於孩子綜合能力的要求是更上一層的，包括但不限於：

- 需要有更好的執行能力，能夠安靜在課堂上坐滿至少四十分鐘，能夠控制住自己不分心或做出各種衝動行爲，能夠及時完成作業。
- 需要有更好的精細動作控制能力，能控制運筆寫字的力道；也需要有更好的大肌肉活動能力，能學會跳繩之類更爲複雜的運動項目。

- 需要有更好的情緒調節能力，能夠和更多同齡人及不同類型的老師相處，在面對學習上的挑戰時不急不躁；有初步的自律能力，能夠在玩耍和學習之間找到適合自己的平衡點。
- 需要有更成熟的人際交往能力，有能力交朋友，也有能力面對朋友之間的衝突，尊重自己和他人的心理界限。

上述每一項都是多麼厲害的成長里程碑呀！當然，一個孩子在幼小銜接階段出現持續性的壞情緒，也往往預示著他們在上述需要實現成長目標的領域遇到了阻礙。和去托嬰中心和上幼稚園的階段一樣，孩子在進入小學時，有一至兩個月的適應期是非常自然的事情。在這段適應期裡，有的孩子可能會出現行爲上的退行，比如夜醒變多、情緒敏感易怒、飲食起居規律有所變化，這些變化大部分情況下能在二至四週自然消失。一些剛上小學的孩子，可能會在放完長假回校時再次出現不適應的狀況，這都是正常的現象。但當這些令養育者擔心的狀況持續超過兩個月，或者孩子自己表達出無法適應，需要尋求幫助，那麼就需要看看背後是否有一些別的原因導致壞情緒持續出現。

在我從事兒童心理諮商工作的過程中，觀察那些與幼小銜接有關的壞情緒，發現背後可能主要有以下幾個原因：

1. 有的孩子可能有未被識出的特殊需求，到了上小學的階段因爲外部要求的變化而浮出水面了。 比如一些有注意力不足過動症（ADHD）的孩子，可能在幼稚園階段被視爲「調皮」「喜歡做白日夢」，但是到了小學課堂裡，老師可能會發現這些特質影響了孩子在認知層面上取得與大部分同齡人相似的進步。如果老師本身並不瞭解ADHD的話，可能會以非常嚴厲的態度對待這些看似調皮搗蛋或總是分心的孩子，孩子心裡也覺得很委屈，因爲ADHD並不是一種靠意志力就可以控制的狀態，這樣的孩子需要在專業人士的指導下獲得更多支持才能完成學習任務。同理，一些有自閉症類群障礙（ASD）的孩子，也可能會在小學的人際交往環境中呈現出各種過去被忽略的問題，更容易在同伴群體中經歷霸凌與孤立，孩子自己也會非常痛苦。如果孩子在幼小銜接階段經歷了與特殊需求有關的壞情緒，養育者能做的最好支持就是及時讓孩子與專業人士進行溝通，爲孩子構建更適合個體需求的支持成長體系，同時告訴孩子有這些特質並不是他的錯，養育者會支持他找到適合自己的學習或社交方法。能擁有這些情感支持的孩子是幸運的。

2. 有的孩子在成長過程中有些「沒做完的功課」。比如在前面關於自我調節功能的章節時，我曾提到過一些孩子從小到大被照顧得很好，好到失去了「自然受挫」的機會，以致沒有機會發展出足夠成熟的功能來應對各種挫敗感。小學是一個很好的窗口期讓孩子在這方面補補課，因爲等發展到了青春期，大腦進入劇烈變化的階段，缺乏自我調節功能可能會讓一些孩子經歷過於激烈的情緒起伏，以致影響發展。

3. 也有一些孩子在經歷與幼小銜接有關的壞情緒時，可能「外化」了一些教養關係中的阻礙。比如有的孩子可能正在經歷父母離異，加上上小學帶來的種種變化，孩子會感覺自己不得不經歷各種難以言說的壞情緒。也有的孩子正在經歷家中多了弟弟或妹妹的變化，他一方面可能會覺得進入小學很興奮，不再那麼依賴爸爸媽媽，但新成員的到來又有可能喚起了一些與分離、甚至拋棄有關的體驗，對這樣的一個孩子而言，「上學」經常會喚起內心的衝突。如果養育者感覺這些家庭變化可能與孩子幼小銜接時期的壞情緒有關，那麼首先需要盡可能爲孩子創造一個可預測的生活環境：如果爸爸媽媽決定分開生活，讓孩子清楚知曉自己何時可以見到哪位父母，並且嚴格執行這些計畫是重要的；如果家中迎接了新成員，要讓大孩子依舊有固定的可以和父母獨處的時間；除此之外，對於正在經歷幼小銜接的任何孩子來說，家中規律的作息依舊可以帶來許多穩定感，即使是週末，也不宜晚睡晚起；幫助孩子建立起包括整理書包、作業在內的各種好習慣……這些潛移默化的「框架」對於身處變化期的孩子來說都是重要的。

4. 在一些情況下，過度嚴苛高壓的學校或家庭管教方式也會讓孩子幼小銜接的過程變得困難。在號召「減輕孩子負擔」的趨勢下，大部分學校都已經意識到減輕低年級孩子的課業負擔是好處多多的。但也有不少家長因爲各種原因而選擇自主給孩子加碼，或者在學校課業基礎上還要求孩子同時修煉十八般武藝。擔心孩子輸在起跑點的心態，一部分與養育者的自我成長有關（參見本書第三章），另外也與養育者對於兒童心智發展的規律瞭解不足有關（參見本章自我驅動力相關內容）。

我認識的大部分從事兒童青少年心理治療工作的同行們，對待自己的孩子都偏「佛系」，部分原因也許是在日常工作中見到了太多爲揠苗助長付出沉重代價的孩子與家庭，深知孩子的發展其實遵循守恆定律：提前超額透支，總會在另一些階段和領域中付出相應代價，例如早慧而缺乏後繼發展動力，以至於到了中學階段厭學、拒學或出現各種心理健康問題的孩子大有人在。另外，如果在成長過程中，家長是權威型父母，對孩子的要求總是意味著「更多負擔」，那麼孩子對於「權威」的態度就更有可能是逃避、厭煩與不信任，而這些態度最終會影響孩子與老師之間的關係——老師也是另一種「權威」。很難想像當一個孩子無法與老師建立互信關係時，如何可以長久保持學習的自發熱情。如果養育者反思一下「嚴苛」本身的必要性與合理性，將孩子的人生發展放寬到幾十年而不是幾個月的範圍，或許會為自己和孩子創造出新的成長空間。

為了幫助孩子從心理層面更好地適應幼小銜接，也許養育者可以嘗試從幼稚園大班畢業前的三個月開始，逐步陪伴孩子完成下列事項：

- 鼓勵孩子自己整理去幼稚園要帶的東西，並且教孩子把從幼稚園帶回家的東西分類整理。考慮到年齡特點，養育者可以多採用視覺化的方式幫助孩子建立新的習慣，例如在牆上張貼漫畫式的流程圖，告訴孩子如何完成這些整理收納工作。

- 每天放學後給孩子出一份不超過十分鐘的簡單練習，首要目的並非學會什麼，而是爲了讓孩子逐步習慣上學後需要完成作業的感覺。練習的內容需符合孩子的能力範圍，以讓孩子體驗成就感爲主，也可以幫助孩子量化自己的進步，例如：「昨天你寫完這三個數字花了五分鐘，今天只用了三分鐘，有進步呢！」
- 讓孩子多獲得一些用筆的機會，例如做數字連線遊戲、著色遊戲等等，鼓勵孩子抱著「玩」而非「練」的心態，用不同材質的筆模仿寫基本的筆劃或簡單的國字。鼓勵孩子多聽故事，一些過度使用3C電子產品的孩子會在小學課堂中難以被老師講述的內容所吸引，用聽故事替代看螢幕，能夠幫助孩子重置吸收訊息合理的門檻值、重建專注力和重拾想像力。
- 提前帶孩子參觀小學校園，透過繪本和影片等方式讓孩子瞭解小學生活。切忌用「學校會定規矩來處罰你」之類的話來威脅管教孩子。養育者要傾聽孩子對於上小學有怎樣的期待與擔心，讓孩子自己準備、挑選上學需要使用且符合規定的文具等等。

- 和孩子聊聊自己上小學時的經歷，避免談論對孩子來說難以消化或會感覺焦慮的經歷（例如過於嚴厲的老師），以正向積極的經歷為主，可以分享一些面對階段性困難時如何度過的經驗。鼓勵孩子提前認識一些未來的小學同學，幫助孩子與老師建立初步的聯繫，用簡潔的描述幫助老師迅速瞭解孩子的個性。

對大部分孩子來說，上小學意味著通往一個更大的世界，在那個更大的世界裡，主角不再只有爸爸媽媽及日常養育者，而是有了更多的夥伴及老師，以及等待被探索的眞理。願養育者們都能支持孩子帶著飽滿的情緒和踏實的狀態邁出這一步。

如何處理與３Ｃ電子產品有關的壞情緒？

幾乎沒有一個養育者對於孩子與３Ｃ電子產品有關的壞情緒問題不感到頭疼心累。在現代社會中，哪怕是一個剛會走路的孩子，都很有可能目標明確地直奔手機而去，甚至在不被允許看手機時瞬間崩潰大哭起來。等到了三到六歲的時候，養育者有可能糾結於到底要不要給孩子看手機，畢竟手機裡有不少有趣的事物，可以拓寬孩子的眼界，幫助孩子學習新知識。但電子螢幕為兒童發展帶來的壞處是顯而易見的，在權衡利弊之中，養育者面對孩子的討價還價或胡攪蠻纏，經常感覺力不從心。等孩子上了小學，養育者會考慮是否要給孩子準備兒童智慧手錶、甚至手機，孩子也有可能時不時明裡暗裡地玩大人們的手機，而當他們馳騁在虛擬世界裡時，現實世界中養育者的管教要求經常令孩子感到沮喪，圍繞著３Ｃ電子產品所產生的衝突，會讓孩子與養育者面對各種「新型」壞情緒。

所謂的「新型」，是指這些壞情緒背後有一些非常特別的腦迴路是與３Ｃ電子產品有關的。養育者也許會發現，當孩子在玩手機或平板時往往非常專注，極少分心，這是因爲電子螢幕花花綠綠的聲光特效會讓大腦處於一個接收高度刺激的狀態中，猶如一塊磁鐵似地牢牢吸住了孩子的注意力。當這些高度刺激被突然撤走，比如當養育者讓孩子停止玩手機時，大腦那種看似平穩的狀態就像被切斷了「電源」，瞬間會有種失去平衡、「當機」的感覺，外在表現就是沮喪、哭鬧。如果一個孩子使用電子螢幕的時間太長❸，他的大腦就會習慣於吸收各種令人感覺高度興奮、刺激、合胃口的資訊，傳統學校老師講授知識的方式以及透過安靜閱讀獲取更多資訊的方式，再也無法滿足一個被電子螢幕所塑造的大腦，進而出現注意力不集中、專注時間過短之類的問題。

手機中APP及遊戲的設計方式都蘊含了大量讓人類成癮的元素，難怪大人小孩一玩起手機就無法停止。這種成癮行爲的背後還隱含著潛在的情緒發展危機：如果一個孩子長期依賴玩手機來調節情緒，每次難過、無聊、哭鬧時都要透過玩手機才能停止，那麼他的大腦就無法發展出健康的自我調節機制。當身處無法滑手機的環境（例如課堂上）時，一個孩子就不知道該如何去應對那些時不時會出現的、不舒服的情緒體驗。

應對上述兩種過度使用電子螢幕所導致的壞情緒，養育者需要經由幫助孩子建立更多與現實世界的連結，來發展出健康的自我調節功能。比如因地制宜讓孩子有東西可「玩」——不管是動手動腦的益智玩具，還是學會買菜做飯的生活技能，或者在大自然中感受探索，這些都是幫助孩子的大腦建立起健康情緒調節迴路的必經之路。而每個養育者都可以做到的另一件事則是多和孩子聊聊天，避免說教評判，就只是帶著溫和、好奇去聊天。當孩子有機會透過語言表達自己的所思所想時，他的大腦也會發展出健康的情感迴路，知道並做到「君子動口不動手」，在壞情緒出現時可以用語言去表達自己的體驗並尋求幫助。

❶衛生福利部國民健康署建議，零到三歲幼兒應避免使用 3C 產品，三到四歲兒童每天使用 3C 產品不超過三十分鐘，四到六歲不超過一小時，六到十二歲不超過兩小時，十二歲以上在家長監督下自主管理。

圍繞著如何使用3C電子產品本身也會出現各種各樣的壞情緒。對一些養育者來說，3C電子產品似乎是個十惡不赦的存在，巴不得它們永遠不要出現在孩子的生活中，但這也是一種矯枉過正的態度。對孩子而言，手機的確拓展了他們的現實世界，使得他們除了可以擁有現實世界中的「存在」之外，還可以擁有虛擬世界中的「存在」，手機幾乎已經成為一個「外掛」的身體器官。從這個意義而言，當養育者在思考究竟要怎樣應對孩子與3C電子產品有關的壞情緒時，實際上需要思考的是如何「善待」孩子們那些包括手機在內的「外掛電子器官」——要像呵護眼睛一樣去呵護孩子們的這些「電子器官」。

關於孩子幾歲可以擁有自己的3C電子產品，我會建議觀察他所在的學校和班級有怎樣的趨勢。例如若班上不少於三分之二的同學都已經擁有了自己的手機或智慧型手錶，那麼給孩子配備自己的通訊工具是利大於弊的，這可以避免他失去在虛擬與現實世界中的團體歸屬感。

從養護「電子器官」的角度，我會建議養育者根據孩子的具體年齡及家庭情況

來分級管理 3C 電子產品的使用。例如對於六歲以內的孩子，盡量避免讓孩子單獨玩 3C 電子產品超過三十分鐘，這個階段使用 3C 電子產品是爲了促進父母的陪伴（例如一起看一些符合孩子年齡段的動畫片或影片），而不是爲了把父母從陪伴中解放出來。對於六到十二歲的孩子，他們必須養成把作業做完才能玩手機的習慣，養育者需要對孩子使用電子螢幕時感興趣的、想要看或者玩的內容保持溫和的好奇，鼓勵孩子把虛擬世界中有趣或困惑的東西與養育者分享。小學階段的孩子一天玩手機的時間不應超過一小時，手機裡要裝哪些 APP 和遊戲必須經過父母同意，父母需要知道孩子手機的密碼，並且保留查看孩子手機使用紀錄的權利。對於十二歲以上的孩子，除了仍需限定孩子玩手機的時間之外，建議父母適當放寬管控，爲孩子設下網路安全的界限，但不過於干涉孩子使用手機的方式，孩子需報備手機密碼，但養育者原則上不隨意查看孩子的手機。等到了十六歲左右，則可以把更多使用手機的自主權讓渡給孩子，不再強行規定使用手機的時間，但可以設置家庭無手機日，全家人每週至少有兩個小時的固定無手機時間，可以進行閱讀、戶外活動或談心聊天。

上面說的這些並非標準做法，只是給養育者們一個參考，在此基礎上可以和孩子一起約定符合自家標準的做法。而另一些養育者的困擾則是，即使設下了規定，但孩子玩得正高興不願意好好遵守約定，因爲時間到了需要放下手機而鬧脾氣，又該怎麼辦呢？

如果已經瞭解了3C電子產品對大腦的運作機制，那麼可以從兩方面著手去減少孩子在轉換過程中的壞脾氣：一是提前給足過渡時間，比如時不時提醒孩子「五分鐘後手機時間結束」，讓孩子的大腦提前有個準備的過程；二是安排一些後續活動，讓孩子在放下手機後可以迅速給大腦建立起新的任務迴路，尤其可以安排一些涉及身體多部位的活動，比如洗澡、運動鍛鍊等等。

當孩子因爲養育者限制自己使用3C電子產品的方式而有所抱怨時，養育者可以用孩子能理解的方式向其解釋爲什麼不能無止境地玩手機，並且將分年齡段的管教方法介紹給孩子，這些嘗試會向孩子傳遞以下訊息：我希望幫助你逐步建立起使用手機的健康方式，最終你會擁有使用３Ｃ電子產品的絕對自由。

如果一個孩子的生活已經完全圍繞著３Ｃ電子產品打轉了，這在某種程度上說明，孩子的生活中沒有什麼比３Ｃ電子產品更能令他感覺愉悅的東西了，無論是人際關係層面，還是自我享受層面。與３Ｃ電子產品有關的壞情緒並非由這些東西所導致，養育者能看到孩子的無聊與無助，並且身體力行，多與孩子共同創造愉悅的眞實體驗，這些都是對治３Ｃ電子產品相關壞情緒的良藥。

情緒小學堂

- **問題1：孩子不肯練琴、寫字，或者即使不情不願做了這些事情也是草率完成，像是在和大人們作對似的，該怎麼辦？**

答：當孩子已經身處與作業或練習對抗的情緒中，以強硬、不讓步的態度對待他是不明智的。如果能讓孩子在此刻起身走一走、運動一下或洗個澡，都能幫助孩子從彆扭、較勁的壞情緒中平復一些。

- **問題2：孩子總想玩一會兒再寫作業，這樣可以嗎？**

答：身為母親，看見孩子能有自覺、高效率完成作業，當然很欣慰。但更重要的是，孩子可以自主選擇拖延或不拖延的狀態，在不同狀態間穿梭切換。拖延並不是奴役人生的狀態，而是一種可以被選擇的節奏。也許從這個意義而言，拖延或不拖延，自由都在那裡。

●問題3：孩子過於自我接納是否會「躺平」不再奮鬥？

答：從兒童心理角度而言，真正的自我驅動力與威脅感無關，一個因為感受到外界威脅而奮鬥的孩子，和一個因為內在的安定、熱愛而努力的孩子，從人生的長期發展來說，後勁是不同的。尤其是到了二十五歲之後，那些一路為了躲避養育者責罵而努力取得優異成績的孩子，往往更容易經歷與心理健康有關的困境，在成年發展期遇到各種阻礙。

後記

十年前我曾為某父母平台開課，談論如何應對零到十歲兒童的壞情緒，支持養育者們從中尋找到適合孩子的成長契機。那門課廣受好評，一些訂閱了的聽眾甚至多年後還會透過不同方式告訴我，那些內容支持他們度過了新手父母頭幾年最茫然無措的時光。

因此當策劃編輯表示想要在講稿基礎上出版這本書時，我一開始覺得這是個好主意，畢竟文字與語音的交流深度是不同的。但是當我真的開始審校自己當年的講稿時卻有點後悔了：相比十年前，此刻的自己在應對孩子壞情緒的問題上有很多理念已經有所不同，這使得我對原始講稿的內容品質並不滿意。雖然攻讀博士期間課業繁忙，我還是咬咬牙擠出不少時間，幾乎重新組織了一本書的內容出來。

按照我發散性思維＋話癆的風格，如果有充足的時間寫這本書，恐怕再多一倍文字量都未必能打住，但一來是要放過自己，二來是想到各位養育者的時間也很寶貴，事業、生活、育兒已經占據了那麼多精力，剩餘的時間用來好好滋養自己更重要，因此本著「讀起來不累人」的原則將本書濃縮至目前的篇幅。

完稿之時，我開始認眞考慮要做一檔與「養育」有關的心理播客，雖然名字還沒想好，但簡介已經想好了：「這裡沒有標準答案。」

過去十餘年，「這裡沒有標準答案」是我經常會和養育者們說的話，因爲發自內心相信每個養育者才是最懂自己孩子的專家，我的工作是授人以漁，而非授人以魚，絕大多數養育者最終找到的應對孩子壞情緒的有效方案並不是我「給」的，而是我們共同觀察、思考與談論的結果。希望這本書裡的內容能在文字的層面上支持更多養育者找到自己的育兒之「道」，並最終尋找到專屬於自己與自己孩子的育兒之「術」。

嚴藝家

二〇二四年一月七日於倫敦

童年情緒教養：不崩潰、不暴走也不壓抑！學習引導 0 到 10 歲孩子「自我情緒調節」／嚴藝家著. -- 初版. -- 新北市：橡實文化出版：大雁出版基地發行，2025.08
面； 公分
ISBN 978-626-7604-61-8（平裝）

1.CST: 親職教育 2.CST: 子女教育 3.CST: 情緒教育

528.2 114006338

BC1145

童年情緒教養：
不崩潰、不暴走也不壓抑！學習引導 0 到 10 歲孩子「自我情緒調節」

作　　者　嚴藝家
責任編輯　田哲榮
協力編輯　劉芸蓁
封面設計　斐類設計
內頁構成　歐陽碧智
校　　對　吳小微

發 行 人　蘇拾平
總 編 輯　于芝峰
副總編輯　田哲榮
業務發行　王綬晨、邱紹溢、劉文雅
行銷企劃　陳詩婷
出　　版　橡實文化 ACORN Publishing
地址：231030 新北市新店區北新路三段 207-3 號 5 樓
電話：02-8913-1005　傳眞：02-8913-1056
網址：www.acornbooks.com.tw
E-mail 信箱：acorn@andbooks.com.tw
發　　行　大雁出版基地
地址：231030 新北市新店區北新路三段 207-3 號 5 樓
電話：02-8913-1005　傳眞：02-8913-1056
讀者服務信箱：andbooks@andbooks.com.tw
劃撥帳號：19983379　戶名：大雁文化事業股份有限公司

印　　刷　中原造像股份有限公司
初版一刷　2025 年 8 月
定　　價　420 元
I S B N　978-626-7604-61-8